経営思想としての NPS

木下幹彌
川﨑　享

THE NEW PRODUCTION SYSTEM

東洋経済新報社

はじめに

　地球温暖化や人口増加など著しい環境の悪化から、「絶滅危惧種」と呼ばれる生物種が急激に増加をしています。私たちが暮らしている日本においては生物のみならず、日本経済を支えてきた製造業が、国内外からやがて「絶滅危惧種」と言われるようになりかねない状況に陥り始めているという懸念が日に日に増しています。

　かつてはドイツと並んで世界に冠たる製造業大国であった日本も現在、ドイツから少し差をつけられての世界第4位に甘んじています。オリンピックで言えば、金・銀・銅のメダル圏外です。また日本製品の「ガラパゴス化」も、日本以外の国では通用しない競争力の劣る製品の意味として、皮肉にも使われるようになっています。いったいどうしてこうなってしまったのかというのが、日本製造業の輝かしい歴史を目の当たりにした者の一人としての率直な感想です。

　豊かで平和な社会が長く続いた日本ではともすれば忘れがちですが、日本は「加工貿易」、即ち「貿易立国」としてでしか、国家として生きる術《すべ》がないことを常に心に留め置かなくてはなりません。資源・資材がない無資源国の日本において、1億人以上の人間が生きていくには、どうしても海外から調達した物資を加工し、それを輸出して稼ぐよりほかにないのが現実です。

輸出力の衰えた日本が強か《したた》な国際社会の中で、国家として逞しく生きていくことは容易なことではありません。「観光」や「文化」を如何に振興しても、大勢の国民すべてが食べていくことなどはとても無理な話です。私は「製造業を守り抜かねば、日本は滅亡する」という信念を持っています。今ならば、まだ挽回できる力は十分にあります。私は決して日本製造業の底力と未来に悲観していません。

NPSは、日々新しく合理性を徹底的に追求する日本ならではの「モノづくり」に立脚した経営思想です。「志」と「理想」を同じくするNPS研究会という業際集団は、強力な「氣」が溢れる場を形成しています。

NPS流の「モノづくり」は「品質確保」「タイミング」「原価低減」を実現するこ

とにあり、特に徹底した「設備内製化」を推進することによって、他の「モノづくり」の手段・方法との差異を顕著なものとしてきました。

ＮＰＳ研究会では経営のスリム化・効率化を〈Ａ＋Ｂ＋Ｃ〉経営と称し、これをコア思想としてきました。Ａは企業における開発・営業部門、Ｂは調達・生産部門、Ｃは物流・代金回収・アフターサービス部門のことを指します。つまり、全社を部門別ではなく一気通貫あるいは横串を刺す形で、全社展開にして企業効率を高めようとするのが〈Ａ＋Ｂ＋Ｃ〉経営のエッセンスです。

また、「マーケティング〜新製品開発設計〜生産〜物流〜納品〜資金回収」にわたる「全社展開」によって、リードタイムを大幅に短縮し、在庫や経費を削減するとともに、企業の無駄《ムダ》を徹底的に省き、企業競争力のスパイラル的向上を図っています。

企業をトータルで捉えた経営改善の追求により、優れた経営効率を実現した企業は如何なる時代にも勝ち残り、市場環境が急激に変化しても事業を継続できることになります。つまり、日本製造業にはまだまだ大きく発展・進化する余地が無限にあるということです。

世界の人々が憧れる製品を生み出す「モノづくり」企業、世界が尊敬する「職人技《わざ》」を誇る企業、技術革新を生み続けることができる「世界に冠たる中小企業」などが中核となって、固い絆で結ばれた日本の業際集団として、NPS研究会が日本製造業の発展・進化に一層の貢献をすることを切に願っています。

NPS研究会の使命は、「モノづくり」の経営思想を後世の日本に残すことです。そのためには、日本ならではの「モノづくり」のための優れた人財をつくらなくてはなりません。

NPSのNは「NEW」の頭文字です。しかしながらこのNは、実は単に「新しい《NEW》」の意味だけでなく、日本《NIPPON》の頭文字であり、本当は人間《NINGEN》のNではないかと最近は感じています。つまりNPS研究会は、「人間」あってこその集団です。古くても常に「新しい」思想が生き続けている根源的要素は、今を生き抜く人間が未来に向かって努力を重ねていることにあります。

ＮＰＳの思想は、トヨタ生産方式に源流があります。

私がトヨタ生産方式に出合ってから40年近い年月が経ちましたが、いろいろなことを思い返して断言できるのは、トヨタ生産方式は古いようで古くなく、現在でも一番新しい「モノづくり」の思想であることです。このことからＮＰＳの思想も日本の「モノづくり」の経営思想として、時の経過に耐える不朽の哲学であると確信しています。

２００９年10月13日に満80歳を迎えた際、私のその時の心境は、

「過去を悔いず　未来を憂えず　人生今日が最高　さらなる生き甲斐と感動を求めて世の為　人の為」

というものでした。その思いは数年を経た現在、些かも揺るぐこともも変わることもありません。

本書が今回このような形で改めて編集、加筆の上で出版できましたのは、ＮＰＳ研究会に集う多くの方々のご厚意に与ったからであり、ＮＰＳ推進活動に従事して下さった多くの方々からのご支援があったからこそであります。ここに厚く御礼を申し

上げます。

東洋経済新報社の寺田浩氏、井坂康志氏には出版事情厳しい折に、快く企画の労を取って下さり、深く感謝致します。

30年前に『ＮＰＳの奇跡』を著された篠原勲氏からの絶えることのない強力なるご支持なしに、本書は出版に至らなかったことを感謝と共に改めて申し添えておきたく存じます。

平成28（２０１６）年9月吉日

木下　幹彌

目次

II トヨタ生産方式を源流とするNPS

Ⅲ 「経営効率」追求を目指すモノづくり

Ⅳ 「人間尊重」のヒトづくり

I 製造業《メーカー》のあるべき思想を後世の日本に残す

✓ 企業存続には利益確保が不可欠

ＮＰＳ研究会では１９９０(平成２)年をエポックメイキングの年としています。「モノ不足の時代」から「モノあまりの時代」への転換点と認識しているからです。需要に対し供給が追いつかない時代をＮＰＳ研究会では「Ａパターン」、需要に比べ供給が過剰に転じた時代を「Ｂパターン」と分けて呼んでいます。「Ａパターン」の時代なら、つくれば売れる「プロダクト・アウト」の考え方でも企業は何とか通用しました。しかし、モノがあまり、更に消費者のサイフの紐が固くなる「Ｂパターン」の時代においては、「マーケット・イン」の発想を欠かすことはできません。

「マーケット・イン」とは、「売れるモノを、売れる時に、売れる量だけつくる」ことを徹底し、売れるためには「良いモノを、より安く」市場に提供していく企業の経営方針・考え方・姿勢のことです。当たり前のことですが、企業はコストを下げていかなければ競争力がつかないですし、利益を増やすこともできません。「売値を上げればいい」という安易なやり方は通用しません。

また、コスト競争力のない企業は、世界的な競争にも後れを取っていきます。言うまでもなく、現代の社会では企業の存在は大きな意味を持っていて、それは、

①企業によって人々がより文化的で豊かな生活を送ることが可能になっている
②企業における活動を通じて地域が活性化される
③企業は雇用を通じて従業員の生活基盤の安定を実現できる

などを挙げることができるでしょう。企業は国際社会との調和や環境の維持、自然の

保護を図りつつ社会的使命を果たさねばなりません。

食べ物や水が人間の生命を維持するために欠かすことができないのと同様に、企業は利益を上げなければ先細りになり、やがては倒産という事態が待ち構えています。

ところが、日本では主要企業をはじめ大多数の企業が、永続的競争力を保持できるだけのまともな利益水準を確保できていないのが現状です。「武士は食わねど高楊枝」といった「清貧の思想」がなお根強いからかもしれません。あるいは、「欲」を制御する仏教的な教えが影響しているとも考えられます。

しかし、利益が上がらない、あるいは上げられない企業の経営が混乱し、間違いの深みにはまっていく例は数多くあります。それだけに、何とか日本企業を世界的に強い企業にするにはどうしたらいいのかを考え続けなくてはなりません。

✓「原価低減」＝「生産性向上」が絶対の必要条件

利益を増やす方法としては、まず「売値を上げる」という考え方があります。しかし、モノが余っている時代は、「売り手市場」ではなく「買い手市場」です。つまり、「Bパターン」ではモノの値段、即ち売値を決めるのは顧客です。「売値を上げて利益を増やそう」という発想は成立しません。

したがって、利益を増やすには、「原価を下げる」以外にないのです。企業の生き残りには「原価低減」＝「生産性向上」が絶対の必要条件だということです。原価低減、生産性向上を進めるためのポイントは、「仕事のやり方で原価が変わる」ことに気付く必要があります。

世間では「企業文化」という言葉がよく使われます。「企業文化」とは突き詰めれば、企業の業務プロセスである「仕事のやり方」を指しています。同じ業界に属する企業同士でも、「仕事のやり方」は大きく異なっているものです。企業組織の規範、価値観、戦略などの違いがそこに反映されているからです。

ＮＰＳ研究会では「良い商品を売れる分だけタイミングよくつくる」という仕事のやり方を徹底的に追求することに全力で傾注しています。同じ設計、同じ設備、同じ材料を使って商品をつくるとしても、モノの流し方で原価は大きく変わります。ですから、原価低減を図るため、仕事のやり方をスピーディーに改善していくことが肝要です。

一般的なメーカーで行われているモノのつくり方は「まとめ生産」（NPSでは「団子生産」と言う）ですが、NPS研究会では「後工程引き」で「タイミングを合わせ」「工程を流れにした生産」を目指しています。こうすると、工程間の在庫はなくなります。

生産性とは、「投入工数（人員×時間）に対してどれだけの出来高（＝売れ数）を上げるか」という比率ですが、これを少し砕いて「労働生産性」（より少ない人数で）「設備生産性」（より少ない額の設備投資で）「材料生産性」（より良い安価な材料、より高い歩留まり）として見ることも大事です。

この場合、労働生産性の向上と労働強化とはまったく意味が違うことを強調しておかねばなりません。

労働生産性の向上とは、〝動き〟を〝働き〟に変えることを言います。〝動き〟は付加価値を生まない動作であり、〝働き〟は付加価値を生む仕事を指すのです。人偏《にんべん》が付いているということは、そこには人間の知恵が活かされているという意味があります。

「自働化」とは、通常は作業者を機械の見張り番にしないことですが、NPS研究会で言うところのそれは作業者や機械の

①異常を特定すること
②異常が見えること
③異常が起こった際に機械を止める／止まること
④顕在化した異常の再発防止をすること

を指します。こうすると人の仕事と機械の仕事の分離が可能になり、より少ない人数で作業を進めることができます。人に関してムダな動きをなくし、〝働き〟に変える

ことで仕事の効率が大きく上がるのです。人が動き回るだけでは、それは徒労に終わります。そのエネルギーを〝働き〟に変えれば〝稼ぎ〟になる訳です。

なお、労働強化とは、「改善」をせずに「頑張らせる」ことを意味します。ムダな動きを有意義な働き、即ち「改善」にしてこそ、職場における本来の「人間性尊重」を実現することができると言えるのではないでしょうか。

✓ GDPと就業人口における製造業比率の低下の誤解

２０１２年12月、「製造業従事者数は51年ぶりに１０００万人を割り９９８万人となった」と大きく報じられました。年を越してからは若干持ち直し、２０１３年９月末で１０３１万人になっています。

日本の労働力人口が減少する中、「製造業の海外移転」と「製造業からサービス業への就業者人口の移動」が、製造業の従事者数に打撃を与えた大きな要因であると、経済アナリストたちは解説しています。

労働力人口とは、義務教育終了年齢である15歳以上のうち、労働の意思と能力を持っている人口のことで、統計学上は調査が行われる一定期間中、就業者（職業に収入を得て現実に仕事をしている人）と失業者（全く仕事をしていなかった人）の合計です。

労働力人口から失業者人口を差し引いた日本の就業者人口は、2013年9月で6319万人、およそ日本の人口の半分に相当します。そのうち、第一次産業（農林水産業）が228万人、製造業に建設業を加えた第二次産業が1531万人、そして第三次産業（飲食業、通信業、商業、金融業、運輸業など）が、4554万人となっています。

日本のGDP（国内総生産）は世界でアメリカ、中国に続いて3位です。アメリカの約3分の1、中国の3分の2ですが、4位のドイツと5位のフランスを合わせたGDPより大きい規模です。

その日本のGDPに占める第二次産業の割合は、現在では3割弱でしかなく、GDPの6割以上を占める第三次産業の半分にもなりません。

このままでは、第三次産業であるサービス業が日本のGDPの7割近くにまで達するのは時間の問題となっています。これは先進国ならではの特徴で、「産業構造の変化としてサービス業化、第三次産業化が進むのは当然」と識者から実しやかに論じられています。

これを「ペティ＝クラークの法則」と言うそうです。経済発展につれて産業構造が、第一次産業から第二次産業、さらには第三次産業へ移転していくという説です。

つまり、一つの国の経済が大きく発展し、製造業が大きく成長した後、やがて活力を失って縮小し、最終的にはサービス業が増え、就業者の大部分を占めていくという訳です。

第二次産業の就業者は、主に長期雇用を前提とした製造業の〝正社員〟からなります。第三次産業の就業者人口が増えるということは、結果として〝非正社員〟が就業者人口の大部分を占めるということを意味します。

製造業からサービス業へ就業者が移るのに加えて、製造業が国際競争に生き残るために、人件費や税金などのコストの低い国に工場を移転していくような空洞化現象が起きるのは、必然なのでしょうか。

もし一国の経済が発展するにつれて、第一次産業から第二次産業へ、第二次産業から第三次産業へと生産額および就労者が増加していくことが自明で、英国やアメリカがその先例であるとするならば、同じ轍を踏まず、それを回避する方策を採るのが国家の指導者であり、政府の重要な仕事ではないでしょうか。同じ先進国でもドイツは強固な国家戦略と巧みな運営で舵取りを行っています。

しかしながら、日本全体の産業規模とその体力を考えれば、官の力に頼るだけでなく、民の力で、つまり企業による自衛の努力によって、現在の社会経済体制を維持する方向へ持っていくことも必要なのではないでしょうか。

✓ 「製造業」に密接な日本の「サービス業」

ほとんどの先進国では、ＧＤＰの割合や労働者数は第三次産業が最も多く、以下、第二次産業、第一次産業という順の構成比率になっています。

経済発展に伴い、人々の需要が農産物から加工製品、つまり「モノ」へ、そして「モノ」からサービスへと変化するのは事実ですが、加工製品より目に見えないサービスを皆が常に欲しがることには納得がいきません。

先進国の富裕層と言われる人たちが、「モノ」を所有することを忌避しているでしょうか。例えば、高級車やヨット、クルーザー、別荘、絵画などの美術品、宝飾品、ドレスを全て、誰もがレンタルやリースに頼っているとは聞きません。

所得に余裕がある限り、付加価値の高い製品、質に優れた良いモノを所有することを望むのは自然のことでしょうし、サービスばかりを購入している訳ではないことは誰にでもわかります。

にもかかわらず、なぜ「ペティ＝クラークの法則」が成り立って見えるのでしょうか。それはＧＤＰの比率に対して、単に農産物やモノの生産額の割合が減り、サービス業の占める割合が増えたからです。

長くデフレにあった日本では、食料品やモノの値段は変わらなくても、サービス業での費用は著しく上昇傾向にありました。それによって、GDPにおける第三次産業の割合が大きく拡大したことが一因です。

しかしその一方、製造業のGDPに占める比率が低下しても、生産量は全体的に見れば明らかに増加しています。

これは日本の製造業各社が長い不況期間にあっても自助努力を行い、決して劣化せず、進化し続けている何よりの証拠です。強い「モノづくり」は日本に健在しています。

過去20年まさに日本の製造業各社は、血を流す努力をしてスリム化を進め、激しい円高攻勢にも耐えてきました。世界においても経営効率の高さと内部留保の堅実さで、大いに称賛されるべきです。製造業の現場は「失われた20年」などとは無縁です。決して悲観をする必要はありません。

日本の製造業はもっともっと大きな力と潜在的な可能性を秘めています。

✓ 日本製造業に悲観の必要なし――「製造業」と「サービス業」の狭間――

企業も人間も第三次産業におけるサービスを得るためには先立つもの、「資金」がなくてはなりません。

その「資金」をどこから獲得するのかというのが、現在の大きな日本の国家として、一個人としても重要な課題となっています。日本の金銀山の鉱脈は、戦国時代や江戸時代の頃と違って一部を除いてほぼ枯渇しています。

確かに英国や欧州の小国、中南米に位置する小島の国においては、第三次産業で外貨を得ているところがありますが、果たして日本も同じことができるでしょうか。

少子高齢化とはいえ、世界第10位の1億2600万以上の人口を抱えています。

観光や金融サービスだけで皆が食べることができそうもないことは、貧富の差が激しく不安定な社会に苛まれているエジプトを見れば明らかですし、老老介護の占める割合が増える時代に、国内における経済活動や物々交換などで日本人全員が生き残れるとは、小学生でも思わないでしょう。

さらに、サービス業において指摘をしておかなくてはならないことは、資金調達、物流、通信、人材派遣、不動産紹介といった業務は、製造業を主体とする企業がアウトソーシングすることで、付加価値が発生して成り立っているという現実です。

『中小企業白書』などを見れば、日本のサービス業で増加しているのは、主に情報サービス業、専門サービス業です。情報技術の発展、消費の多様化において新しく増えたサービス業ですので、豊かなる先進社会ならではの経済活動にほかなりません。

消費者側からの消費動向を見ると、通信、保健医療等の支出割合が増加するなど、少しずつ着実に消費構造が「モノ」から「サービス」へとシフトしていることは事実です。

また製造業においても、従来であれば企業内に抱えていた部門、例えば企画・開発に携わる研究開発部門、デザインやソフト事業、社内研修などの教育事業、アフターサービスなどの事業を分離したり、また大規模の製造業からのアウトソーシングを狙った専門企業などが生まれたりした背景が、サービス業の割合拡大に貢献したことも指摘できます。

これは「ニュービジネス」の発展という観点からは、非常に好ましい現象であり、新しい活力が社会と経済に生まれます。

しかしながら、「ニュービジネス」に目が行き過ぎて、製造業に未来はなく、サービス業にこそ日本に活路があるという論調が高まってしまうのは見当違いです。

製造業もサービス業も共に大切です。産業の両輪というよりは、まさに唇歯輔車《しんしほしゃ》の関係でしょう。日本はこの両方を伸ばすべく、サービス業的付加価値のある製造業をこれからドンドン増やしていくべきです。

今太閤（現代の豊臣秀吉という意味）と言われたほど大出世して内閣総理大臣を務めた田中角栄（1918～1993）は、

「世の中は白と黒ばかりではない。敵と味方ばかりでもない。グレーゾーン（中間地帯）が一番広い。真理は中間あたりだ。天下を取るなら、グレーゾーンを如何に手元に引き寄せられるかどうかにかかる」と言ったそうです。何事にも極論でなく、黒と白の間のグレーゾーンが広くあるので、そこへ目を向けよという至言でしょう。

「製造業」か「サービス業」か、という話は黒白のたとえと同じです。「付加価値あるサービスを付随した製造業」の可能性を慎重に模索しなければ、現在の政治家は国の方向を誤ることになり、後世の日本人から必ず恨まれることになりかねません。

✓ NPS研究会が目指す「モノづくり」

「製造業」と言えば、生産現場や「匠の技」ばかりの「モノづくり」を保護すること、育成することばかりに政治家もマスコミも目が向き過ぎているきらいがあります。

政府は「モノづくり」の保護を訴えています。国会議員のホームページを見れば、「日本のモノづくりを守る」と公約にしている議員の数は、容易に十指を超え、票の獲得を目指したり、安易に税金を投入したりする風潮になりがちなのは仕方ないことです。

製造工場、固有技術、熟練技能といったものに単独で固執することは、後世の日本に残す「モノづくり」としては、針小棒大の議論でしかありません。あくまでも技術と技能や設備は、「製造業」という全体のシステムが進化、発展を遂げた結果として、付随的な事情で残るべきものです。

「モノづくり」の定義や概念は、職人芸や工場現場の枠を遥かに超えたものです。日本の「モノづくり」は日本人の特性や長所が世界に評価される伝統と文化に根ざしており、世界が尊敬する職人技を基盤にして、世界中の人が憧れる製品を生み出すことによって、初めて存在意義と価値を持ち、勝ち抜き生き残ることができるのではないでしょうか。

何も正確に精巧に金属をくり抜くだけが職人芸や「モノづくり」ではありません。日本人ならではのチームワークで、個々の知恵を集め、一人ひとりが自分の役割と責任を持って担い、阿吽の呼吸で連携し合って仕事をする、常に自分の後に仕事を続ける人、作業を行う後工程の人へ心遣いと配慮をしながら自分の責任を果たすこと、そしてそれが最終の後工程の人、つまり顧客の手に渡り消費され、そしてその顧客の喜ぶ姿を願うこと、この「消費完結型システム」こそが、NPS研究会が実現を目指す「モノづくり」の理想形です。

これは他国ではなかなか真似ができませんし、日本ならではの「モノづくり」の一つの完成の形をより強固に、より高い質とレベルを導くことを目指しています。

✓ NPS研究会が志向する「製造業《メーカー》」

NPS研究会で定義する日本の「モノづくり」とは、製造部門にとどまらず、商品開発、営業、部品調達、そしてそれに付帯するアフターサービスを含めた一気通貫の仕事の流れの全てを包含します。これをNPS研究会では、〈A＋B＋C〉（AプラスBプラスCプラス）と呼んでいます。Aは開発、設計、営業、Bは製造、Cは物流・代金回収部門を指しています。

「モノづくり」の経営思想であるNPSについて、「単に製造部門の仕組みやノウハウでしかない」という意見を未だに聞くことがあります。

ＮＰＳの源流であるトヨタ生産方式でさえも、あのトヨタ自動車に対して、トヨタ生産方式は「〝モノづくり〟の仕組みでしかない」と、何も本質に触れずに一刀両断に切り捨てる人がいます。

トヨタ生産方式と同じく、ＮＰＳは「モノづくり」を通じての「ヒトづくり」を目指しています。ＮＰＳ研究会は、グローバル競争時代において日本の「製造業」を強くするためには、人財育成、それも現場に強い経営幹部を育てるしかないということを信念としています。

ＮＰＳは一人ひとりが責任を持って、しっかりと仕事を遂行するという前提に成り立っているシステムであり、誰もが皆役割を持っていて、人の知恵をとにかく集めて経営に活かしていく「人を重視したシステム」です。

言い換えれば、ＮＰＳ経営思想に基づいた仕事のやり方が成り立つようにするために、人財を育成していかなくてはならないと考えています。

「天下に最も多きは人なり、最も少なきも人なり」は戦国時代の軍師・黒田如水（1546～1604）の言葉です。頭数は多くとも、使える人は少ないということです。だからこそ人財育成に注力をしなくてはなりません。

NPS研究会では、こうして育成した優れた人財を活用する製造業について、次の三つのタイプがこれからの「モノづくり立国」たる日本を支えていくと見ています。

①「時々刻々」で「変種変量」対応ができる少量多品種生産のメーカー
②差異化できる技術的付加価値の高い部品およびシステムを生み出せるメーカー
③サービス的付加価値を顧客に徹底的に提供できるメーカー

このうちのどれかに当てはまる部門をもった企業に近づこうと努力することがまずは重要ですが、この三つが全て当てはまるメーカーとなれば、鬼に金棒を三本持たせたくらいの極めて強靭で競争力の高い「製造業」として、世界と時代を牽引する力を生み出すことができることは必定です。

最近、「第六次産業」（一次＋二次＋三次＝六次）とか「第二・五次産業」（二次と三次の中間）という言葉を聞きますが、ある意味で「製造業」と「サービス業」のニッチに付加価値を求めよということを意味していますので、正鵠を射ているとＮＰＳでは考えられています。

「NPS経営」とは

ニュー・プロダクション・システム（THE NEW PRODUCTION SYSTEM）の頭文字をとった「ＮＰＳ」とは、日本の産業発展につながると信じて企業活動を行う「モノづくり」のための経営思想です。

その考え方は、単なる生産システムの手法や経営上の問題解決の手法ではなく、「人間尊重」という基本理念を持ち、人の命には限りがあってもその中で企業を永遠に進化・向上・発展させることを願い、企業の中の「あらゆる無駄を排除することによって、経営効率の向上を図る」ことを基本思想としています。

「マーケット・インへの限りなき挑戦」を追求しながら、「経営効率の向上」と「人財育成」の二つを達成しながら、市場や経済環境の変化にも柔軟、且つ迅速に対応できる強い企業体質を構築することを目指しています。

「減収でも増益となる」「消費完結型システム」の実現により体質を強化した企業は、同業他社との差別化が可能となり永続的発展を見据えて「勝ち抜き生き残る価値」と「世の中にとって不可欠な存在意義」を有することになります。

「経営効率の向上」は、企業組織やその運営方法に起因するあらゆる「無駄」を徹底的に排除することによって、仕事が効率よく「流れ」で行われるよう改善を進めることで実現できます。

直接部門だけでなく間接部門も更には顧客まで包含して、つまり「マーケティング～開発～生産～納品～資金回収」までの一貫した企業活動における「リードタイム」を著しく短縮することにより、企業のトータルコストを下げ、無駄な在庫や経費の削減が可能となります。

「モノ・カネ・情報」の速やかなる回転が企業全体の効率化を高め、多品種化に対応した「モノづくり」を可能にし、コストダウン効果をもたらして、競争力を強化するというスパイラル的に企業活動のスリム化を推進することを〈A＋B＋C〉経営と称し、NPS経営のコアとなっています。

「NPS」はトヨタ生産方式を源流としながら、自動車以外の異業種メーカーにおいて知恵と工夫で、トヨタ自動車以上の進化した「生産システムに基づいたマネジメント」、つまり新生産方式（NPS）の確立を目指して生まれました。

この新しい経営哲学に共感した人々によって、日本の製造業分野において、資本や取引関係の枠組みを超えた一業種一社を原則として構成される業際集団として、NPS研究会が1981年1月に発足し、会員各社各様の経営哲学でなく、普遍的な経営思想としての進化・深化を目指すことになりました。

NPS研究会は発足（1981年1月）後まもなくして、当時の豊田章一郎・トヨタ自動車工業社長の承認を得てトヨタ生産方式の創始者である大野耐一さん（1912

〜1990）を最高顧問、そして右腕といわれた生産調査室主査の鈴村喜久男さん（1927〜1999）を実践委員長として迎え入れ、さらにはトヨタグループからの多くの優れた人財が指導員（NPS研究会では改善活動実践の指導者を〝実践委員〟と呼称しています）として加わり、異業種でのトヨタ生産方式の展開が始まりました。

NPS研究会への入会には、「モノづくり」を後世の日本に残そうという「NPS」の経営思想と「志」に共感すること、自社ブランドまたは独自の技術コアを持って「MADE IN JAPAN」にこだわる日本のメーカーであること、「原則一業種一社」のルールに抵触をしないことの三つの条件をクリアし、既存会員会社二社からの推薦を受けることを義務付けています。その入会条件は設立以来変わることはありません。

✓ NPS経営の「基本」

NPS経営は、「現地・現物・現実」の「三現主義」に基づいて、現場観察力の開発を重視しています。そして現場における改善活動を実践し、「現場に強い」経営者や「現場のわかる」経営幹部の育成、つまり「ヒトづくり」を通じて日本に「モノづくり」の思想を未来永劫残すことを目指しています。

ＮＰＳ経営の基本理念は「人間尊重」です。

それは「企業で働く人間一人ひとりの限りある時間を一秒たりとも無駄にさせない」心掛けです。その人のつくったものが「世の為、人の為になるよう」また「生きた証《あかし》と足跡《あしあと》を残せるよう」にすることを意味しています。

古代ローマの哲学者・セネカ（ＢＣ４〜ＡＤ６５）は、

「私たちは短い時間を持っているのではなく、実はその多くを浪費しているのである。人生は十分に長く、その全体を有効に費やされるならば、最も偉大なことも完成できる程、豊富に与えられている」

と述べ、短い人生は時間の浪費によってますます短くなってしまうことを指摘しています。

ただでさえ浪費してしまいやすい人生を単に自分自身のせいでなく、仕事において会社によって短くさせてしまうことは最も悪いことです。

いま少し具体的に言えば、無駄は「している人間」が悪いのではなく、「させている人間」が悪いのであり、その人間の貴重な時間を「収奪している」ことになるからです。

同じ企業に働く仲間として、他人に無駄な時間を費やさせない心を配ることが、NPS経営で最も大切な「人間尊重の心」です。

NPSの経営思想では、「市場の要求（品質・価格・納期）」に柔軟に対応できる「企業づくり」こそ、「人間尊重」の出発点であると定められています。

NPS研究会において、鈴村喜久男・初代実践委員長がNPS改善における「心得」を定めています。通称「鈴村改善語録」と呼ばれています。

①すぐやる

②一年間は基本通りに、文句はそれから

③言い訳をしない

④できない説明より、やる方法を考えろ
⑤心配の先取りをするな
⑥困らなければ知恵は出ない
⑦100点を狙うな、60点で良い
⑧儲けなき動きから、儲けを生む働きに転換せよ
⑨時間は動作の影である
⑩カネを使うな知恵を出せ、知恵が出なければ汗を出せ
⑪神話を潰せ
⑫改善は無限である

✓ 素人の知恵を活用すべし

世の中が変わる、その胎動のようなものを最近、特に強く感じています。「世代交代」

とか「若い人の時代」などとよく言われますが、「素人の時代」が到来しているような気がしてなりません。

これは何も政治の世界だけでなく、経済の世界や企業社会にも当てはまることで、そこに生きている私たちも強い危機感を抱くことが必要です。熟練した「玄人」であればあるほど、自分の長年の経験や勘に頼り、あるいは過去の成功体験に拘泥し、その挙げ句、一般の人々、つまり「顧客」や「消費者」から遠く離れた存在になってしまいがちです。それがメーカーにとって一番怖いことです。

その点、「素人」は自分自身が「顧客」や「消費者」の一人であることから、「買う側」または「使う側」がメーカーに何を求めているか、その「顧客ニーズ」を皮膚感覚でよく理解しています。新入社員や20歳代の若手社員の開発した商品が思わぬ好評を博したり、新入社員のフレッシュなアイデアや提案が的を射たりするような現象が、企業の中で頻繁に起きているのではないでしょうか。

こうした現象は決して他人事ではなく、経営者や経営幹部、特に長い間、高いポジションを占めている者への警告と捉えるべきでしょう。意思決定をする立場であれば慎重にならざるをえませんが、世の中の新しいニーズを取り込むことに及び腰になり、若手のアイデアや提案を摘むようなことが重なれば、いかなる優れた企業であってもやがては衰えてしまいます。

過去の経験則、蓄積された知識、創業以来のやり方、経営者としての長年の勘といったものは、実はこれからの日本の社会においては無用の長物となるかもしれません。また、人間の仕事に対する能力にも賞味期限があるかもしれません。本当の意味での活性化へのヒントは「素人」の知恵の中にこそあるということに気付かなくてはいけないのではないでしょうか。

激動の時代こそ「本業」を究めるべし

「餅は餅屋」という諺があります。餅は餅屋のついた餅が一番美味しい、つまり、その道の専門家に勝る者はないということのたとえですが、激動の時代である今こそ「本業に徹すべし」と警鐘を鳴らし、専業の強みについて再考すべき時ではないでしょうか。本業以外に目を移すとか、浮利を追うことがないようNPS研究会では、常に気を引き締めています。

M＆Aや経営統合がさも素晴らしいことだとする風潮は30年ほど前から蔓延し始め、それを実しやかに評価する経済ジャーナリストや経営評論家は後を絶ちません。しかし、世界最大の自動車メーカーとして君臨し、「地表を変える企業」とか、「アメリカ国家そのもの」と持て囃されたアメリカのGMは、まさに買収と合併を繰り返し、かつ本業以外の軍需産業やエレクトロニクス、果ては金融分野まで多角化を進めた結果、図体だけは巨大に膨張したものの、政府より財政支援を受け、破綻に至りました。

企業規模を追求した寄せ集めでは、いかに巨大であっても、事業としては永続することができないという明白な証拠のひとつになってしまいました。

しかしながらGMとは対照的に、アメリカには一方で「マクドナルド」や「コカ・コーラ」といった専業に特化したブランドを持つ企業が、世界的にも大きな成功を収め続けています。現代的な感覚では、「コーラはコカ・コーラ」と言ったほうが、「餅は餅屋」よりピンとくる現実感のある言葉かもしれないほどです。

この両者の鮮明なコントラストを目の前にして、同じ業種が統合して市場占有率を高めるというアプローチは、学者や金融関係者の論理、つまり机上の空論でしかないということです。ましてや似たような業種、関連した事業をM＆Aや経営統合などと称して一緒くたにまとめて、同じ屋根の下に放り込んで事業規模を拡大していくというやり方など、強い企業をつくるという視点からすれば論評にも値しません。

総合的なシステムの美名の下に行われる、競合企業や隣接業種の大手企業との合従連衡は、苦労と費用ばかり大きく、本当の意味で企業にプラスになるような果実などはなかなか得られません。

実際のところ、現在では成功したM＆Aとして数えられている事例の大手企業の経営者からは、「合併など二度とやりたくない」という嘆きの言葉をよく聞くことがあります。その言葉の向こうにある出来事の累積の重さについて、察するにあまりある響きが今でも耳に残っています。

とかく厳しい経済状況では、生存競争に焦るあまり、本業以外の事業、右左の隣近所の分野へ目が移りがちですが、企業にとって何よりも大事なのは本業を究めることです。現在のドメイン事業を突き詰めてこそ、その企業の真の強みが先鋭化され、ファンたる顧客が増えたり、新商品が開発されたりして、市場占有率が徐々に高まり、結果として企業価値も上がります。

「今のままではジリ貧になる」と窮地に追い込まれた経営者が思うのも道理でありますが、その前に今一度だけ自問するべきではないでしょうか。

本業を突き詰め究めるというのは、そんなに簡単にできるものではありません。それぞれの分野で専業メーカーとしての誇りを持って事業に取り組むことは、実はこの厳しい現在の経済環境において、最適な企業モデルを結果として構築することになるとNPS研究会では信じられています。

コラム❶ 「改善魂」は大和魂

「大和魂」とは、日本ならではの心、価値観、美意識です。もともとは「情緒を理解する心」という意味で使われた言葉であり、日本人が心底に持つ、良心の核ともいうべき精神です。

トヨタ生産方式の創始者である大野耐一さんは、改善活動について「かくすれば　かくなるものとわかりなば　やむにやまれ改善魂（やまとだましい）」という言い回しを好んで使われました。

決して日本人だから偉いということではありませんが、日本人は生まれながらにして「大和魂」のDNAを持っています。成長するにつれ社会の中でそれを学び、自然に体得していくことができるという点で、他国の人々より有利であることは事実です。

日本が「モノづくり」立国化することは、全くのゼロから始めるわけではありません。今ある成熟した社会、産業において長所を生かしながら、不要なこと、無駄なことを除いていけば、現状を大きく改善することができるのです。

Ⅱ トヨタ生産方式を源流とするＮＰＳ

✓ ＮＰＳ研究会とトヨタの提携が実現

ＮＰＳ研究会の運営母体である株式会社エム・アイ・ピー（以下「ＭＩＰ」）の会議室には、「トヨタ生産方式の生みの親」と呼ばれる大野耐一さんの額入り写真が発足当初から壁にかかっています。

大野さんはＮＰＳ研究会のスタートを大変に喜んで下さり、「自分が心血を注いだトヨタ生産方式が多くの日本の企業に浸透し、日本経済の発展にお役に立てれば実に嬉しい」といつも仰っていました。「現地・現場・現実」主義の方ですから、自らＮＰＳ研究会の会員各社に足を運んでは工場の改善を指導してくれたものです。大野さんはNPS研究会の最高顧問をお亡くなりになるまで引き受けて下さいました。

NPS研究会の初代実践委員長の鈴村喜久男さんは、大野さんの愛弟子で、トヨタ生産方式をトヨタ自動車に定着させた中心人物の一人でした。トヨタを定年退職した後、NPS研究会の使命に共感し馳せ参じて、初代実践委員長として大活躍をして下さいました。トヨタの社長・会長を経て相談役を務められている張富士夫さんは、大野さんの門下生であり鈴村さんの後輩です。

2001（平成13）年3月23日に、トヨタ自動車とMIPは正式に協力関係を結びました。その際、トヨタ生産方式をルーツとするNPSの思想が、異業種の中で発展することはトヨタとNPS研究会双方にとってのみにとどまらず、日本のためにもなると意見が一致し、両社は相互に協力し合うことで合意しました。

当時トヨタ自動車の社長であった張さんは、トヨタ生産方式を源流とするNPS研究会を応援することがトヨタの「モノづくり」哲学や豊富な経験を通じて「社会貢献」に結びつくとお考えになり、同時にトヨタ自動車はNPS研究会の会員会社以外で初めて、ＭＩＰの株主となりました。

トヨタの元副会長で現在は相談役をされている池渕浩介さんがＮＰＳ研究会の第二代最高顧問を兼務して下さり、林南八・トヨタ自動車顧問が第三代最高顧問として、現在、精力的に会員会社の現場指導に活躍されています。

「タイミング」「自働化」が二本柱

大野さんや鈴村さんは「人間には錯覚がある。多くの企業はその錯覚のままで動いている」との考えを強く持っておられました。つまり、アメリカ流の「大量生産システム」こそがコストダウンへの最良の方法だとして、日本企業は何の疑問も持たずそっくりそのままアメリカ流を真似ていた、それが錯覚だったという訳です。

トヨタ生産方式は、「多品種少量」で安くつくる方法です。もちろん、「多品種大量」の場合はさらにコストダウンに弾みがつくのでなお結構なことだと、大野さんは誤解のないように言っておられました。しかし、アメリカ的大量生産システムで「大艦巨砲」の設備（大がかりな生産設備のこと）を導入している企業は、不況が訪れるとひとたまりもありません。

鈴村さんはおもしろい表現をする人で、ＮＣ（数値制御）工作機とかＭＣ（マシニングセンタ）工作機、あるいはロボットなどをいかにも得意気に導入している企業の経営者に、「なぜ、弁慶が牛若丸に簡単に負けたのかわかるか」と訊ねていたのを思い出します。これは「弁慶の七つ道具」にまつわる鈴村流の解釈です。

弁慶は常に薙刀や大槌など七つ道具を背負い、自分の強さを誇るかのように京の五条の橋の上で強そうな相手が来るのを待っていた訳です。これは相手を威圧・威嚇するには効果があるかもしれませんが、実際に戦いが始まった場合には、背中の道具が重過ぎ、邪魔になって身動きは鈍くなっただろうと容易に想像できます。大体、七つ道具を揃えていても、いざ戦う時に使える道具はせいぜい両手に一つずつでしょう。

弁慶が牛若丸と対峙した時に使った武器は薙刀だけでした。ということは、残りの武器は無用の長物だった訳です。戦いの途中で違う武器に取り替えるには手間がかかり、そのスキに相手につけ込まれてしまいます。結果的に、笛を吹きながら身軽にヒラリヒラリと身をかわし、相手を翻弄する牛若丸に、重い荷物を背負って動きの鈍い弁慶はなす術もなく降参することになったのです。

マシニングセンタはいろいろな刃物がついていて、それこそたくさんの道具を背負った弁慶のような設備です。アッと言う間にすごい量の情報を処理する大型コンピュータも、それこそ「大艦巨砲」主義的な設備と呼べるでしょう。こうした見かけ倒しで、使う際に本来の能力を十二分に発揮できない設備を安易に持ってはいけないという教えがここにあります。

トヨタ生産方式では「必要なモノを、必要な時に、必要な分だけ供給する」システムの構築に全力を注いできました。トヨタ生産方式の基本は「徹底したムダの排除」であり、それを実現する二本柱が①「ジャスト・イン・タイム」、②自働化です。このことは、NPSの「モノづくり」でも全く同じです。

NPS研究会では「ジャスト・イン・タイム」を「タイミング」と表現しています。

もちろん「後工程が、前工程へ必要なものを取りに行く」（後工程引き）ことや、「多能工化」「機械の多台持ち」「多工程持ち」の考え方も一緒です。「かんばん」「アンドン」も「見える化」の道具として、NPS研究会の会員各社の各現場の至る所で縦横に使っています。

✓「天動説」から「地動説」への衝撃

NPS研究会に入会してきた会社は、初めに強烈な衝撃を受けるようです。それはなぜかと言うと、その会社の錯覚が問われるからです。

ガリレオ・ガリレイが「地動説」を主張したのは有名な話ですが、それまで地球が静止していて太陽が動いていると思い込んでいた人たちが、ガリレオが主張した「それでも地球は動いている」ことを知った時の驚きはどれほどだったのでしょうか。「天動説的な発想」とは、簡単に言えば「世の中は自分中心に回っている」との考えです。これは、「井の中の蛙」と同じことを意味します。

大量生産を常識と思い込んできた企業が「それは間違い」だと言われ、「多品種少量生産」に切り替えるよう指導される、あるいは前工程が後工程に押し込んでいく方式から、後工程が前工程に引き取りにいく「後工程引き」のやり方などは、まさに天動説から地動説への大逆転でしょう。「つくり過ぎは最大のムダ」であり、「必要数だけつくれ」と言った大野さんの言葉に沿うには、〝非常識〟ではなく〝脱常識〟に転じなければなりません。

ただ、大野さんや鈴村さんの時代は、まだトヨタが「工販分離」（1950年にトヨタ自動車は自工と自販に分離、1982年に合併するまでそれぞれ独立した会社）していたので、生産担当という立場からはトヨタ生産方式の思想を生産現場では浸透させていっても、社内で「全社展開」へと進めていくことが残念ながらできなかったと鈴村さんはよく嘆いておられました。もちろん今日では、トヨタはグループ全体で、「全社展開」「グループ展開」を強力に推進しています。トヨタの強さはまさにここにある訳です。

同様に、いち早くトヨタ生産方式を源流にして、独自の「モノづくり」の思想と「全社展開」、即ち〈A＋B＋C〉経営に取り組んできたNPS研究会では、いかなる不況が来ようとも、「ノアの方舟」のごとく生き残り、勝ち残ることを目指しています。

東日本大震災以後、自動車各社の多くが部品調達の途切れで生産ストップに陥りました。NPS研究会の会員会社の中にも、クリナップの主力工場（福島県いわき市）など東北に拠点工場を持つ企業はしばらくの間、被災の度合いが酷く工場は操業不可能でした。

こうした状況から、世間は特にトヨタを対象に「サプライチェーン・マネジメント」「ジャスト・イン・タイム」の脆さを声高に指摘しました。「在庫を持っていないから、生産ができなくなるのだ」と実しやかな声が上がり始めました。しかし、トヨタはこれまでのトヨタ生産方式を変えることはありませんし、NPS研究会の方針もまったく不変です。

確かに、地震の影響で長期間生産不能に陥ったことは事実です。しかし、もし私たちが必要以上の余分な在庫を抱える経営をしていたならば、その在庫も破損するか品質劣化などして被害がより大きくなっていたことでしょう。在庫はいかなる理由であれ持ち過ぎる訳にはいきません。

もし在庫が必要というのであれば、持たざるを得ないのは仕方がないとしても、それでも極端に多く持たないように注意しなくては「モノづくり」の改善を退化させることにつながりかねません。100年に一度の地震が起こったとしても、経営の思想・哲学までが揺さぶられてはならないことが重要です。

✓ 非常事態には互いに助け合う同志

NPS研究会の発足は1981（昭和56）年1月です。設立の動機は、「メーカーはかくあるべきだというモノづくりの思想を未来永劫、後世の日本にどうしても残すべき」という強い信念でした。

当初、このような会をつくろうと提案したのは、オイレス工業の当時社長を務めていた川﨑景民さんと紀文食品・社長の保芦將人さん（NPS研究会・名誉顧問）でした。そこでまず5社によってNPS研究会が発足しました。

現在、NPS研究会は2018（平成30）年1月現在で正会員会社43社、準会員会社10社の集団となり、総売上高は3兆1000億円を上げ、正社員・パートを含めて、20万人近くが従事する業際集団にまで発展しています。

もっとも、これまで幾多の企業がNPS研究会の門を叩き入会する一方、退会した会社もあります。NPSの思想との違いから、あるいは事業方針の転換など、さまざまな理由で退会していった会社の中には、現在でもトヨタ生産方式をベースにしていることを大々的に宣伝して事業を行っているところも多くあります。

NPS研究会の会員を途中から抜けても生き残っている会社もあれば、一方でNPS活動を続けていなければ存続できなかった会社も少なくありません。NPどの会社にもそれぞれの経営理念と方針があり、日々の業務執行があります。NPSは経営思想であり、経営の手段でありますが、これを用いればどんな企業でもたちどころに良くなるという「万能の魔法薬」という訳ではありません。

しかしながら、ＮＰＳ研究会に所属しているということと、そうでないことの違いは何であろうかと問われた時、それは同志としての仲間がいるということに尽きるのではないかと思います。

また池渕浩介・特別顧問（第二代最高顧問）が指摘されている通り、「改善とは筋肉と同じで、ちょっとでも怠けるとすぐ衰えてしまう」ものです。一人で黙々とトレーニングを重ねるのも結構ですが、良き指導者と信頼のおける仲間とともに切磋琢磨しながらトレーニングをするのと、どちらが良いのかと問われた時、大勢とトレーニングをしたいと思う人たちのほうが多数ではないでしょうか。

ＮＰＳ研究会に属していることのメリットとしてもうひとつ、忘れてはならないのは、「互助的な集団」としての側面です。記憶に新しいところでは、２００４（平成16）年10月23日の新潟県中越地震で、新潟県長岡市にある岩塚製菓の工場が倒壊し、操業停止に陥りました。ところが、行政はインフラの復旧と一般被災者への救済で手一杯、企業への復興援助などはまったく眼中にはありませんでした。

そんな時、日本軽金属や三甲といったＮＰＳ研究会の会員である仲間たちが即日、工場の復旧支援のためにトラックを乗りつけ、工場の再開のために手を差し伸べてくれたことは、ＮＰＳ研究会の歴史に残る逸話であります。

東日本大震災においては、東北および北関東に工場や営業所、関連会社を持つ会員会社に甚大な被害が発生しましたが、今度は岩塚製菓をはじめとするＮＰＳ研究会の多くの仲間が救援、応援に駆けつけ、被災会社の復旧、復興に対して全力を挙げて支援したのです。

日本においては今後とも、大きな災害によってこうした事態が、常に起こりうるリスクを覚悟しなければなりません。しかしながら、敵味方が乗り合わせた呉越同舟でも危機に際しては協力し合い、助け合うものです。ましてや自ら望んで同じ船に乗り合わせた私たち、つまり「ノアの方舟」たる集団として、ＮＰＳ研究会を位置付けたことは決して間違いではなく、また古めかしい考え方でなかったことは、誰もが異議を唱えることはないはずです。

私たちの乗り込んでいる30年の歴史を持つ「ノアの方舟」には多くの先輩たちの魂が宿り、氣が満ち溢れています。このNPS研究会には多くの先人の足跡が刻まれており、今後20年先、30年先であっても、このことは不変であると確信しています。

✓「ノアの方舟」の意味するところ

NPSの思想は30年間変わらずに今日までブレることなく、終始一貫して迷いなく一直線に歩んできました。そして、NPS研究会は「原則一業一社」の同志的集団として、会員各社の多くの人々からの支援と協力があってこそ現在まで存続してきました。

発足当時からNPS研究会は、原則として会員各社同士、そして実践委員を含むMIP関係者の間に上下の区別はなく、運命共同体たる「ノアの方舟」に乗り合わせた仲間、同じ思想と理念を共有した「同志」と考えています。

NPS研究会は「ノアの方舟」であるということを創設時からの理念、あるいは位置付けとしてきましたが、日本では旧約聖書に書かれたさまざまな物語が以前と比べて馴染みがなくなりつつあります。

旧約聖書の『創世記』に登場する「ノアの方舟」は、神が人類の堕落を怒って起こした大洪水に際し、神の指示に従ってノアという老人がつくった箱形の大舟のことです。ノアはこの方舟を100年近くかけてつくり上げました。やがて40日間大雨が降り続き、150日間も水が引かず、地上に生ける物のすべてが死滅してしまったものの、ノアは自分の家族と雌雄一対のすべての動物を引き連れて「方舟」に乗り込んだため、人類を含む多くの生物は絶滅しなかったという逸話です。

昔から人口に膾炙してきたこの話は、「選ばれた者を大災害から生き延びさせるため、また絶滅の危機に瀕した種を一括管理して後世に残すために」という比喩で、国家や国際機関の「ノアの方舟」計画等といったプロジェクト名に使われたりして、日本においても以前は非常に馴染みのある物語でした。

ＮＰＳ研究会を創設する際の同志との話の中で、「原則一業種一社」の「モノづくり」に携わる者たちがひとつの集団を形成して生き残り、「モノづくり」を日本から絶滅させないという考えにピッタリであることから、ＮＰＳ研究会について説明をする場合、一言で的確に表現するために「ノアの方舟」に勝る言葉はないということになりました。

✓「七夕ショック」からＮＰＳ研究会の誕生へ

世の中には優れた会社がゴマンとあります。ウシオ電機で副社長、社長（１９８０年に退任）を務めていた木下幹彌は、良い会社があると聞けばすぐに飛んで行って、経営者からその秘訣を聞きだそうと走り回りました。もちろんトヨタ自動車もその中の1社で、豊田市の本社へ何度も足を運びました。

しかし、なぜトヨタが良い会社なのかということについて、木下幹彌自身が納得できるような明快な答えはなかなか得られませんでした。

そんな時にトヨタの業務課長をしておられた若松義人さん（後に井関農機・購買部長）にお会いし、「トヨタの強みは『かんばん方式』によって車を安くつくっているからだ。リードタイムが短いので余分な在庫を持つ必要がないし、無駄な費用もかからない」という話を聞いた木下幹彌は、非常に衝撃を受けました。

そこでこれを何とかウシオ電機にも取り入れられないものかと考えたのが、1978（昭和53）年6月頃です。生産方式を学ぶために、トヨタ関係の先生方を紹介してもらう術《すべ》をあちらこちらで探した木下幹彌は、友人である井関農機の井関昌孝社長（当時）が「ウチもトヨタ生産方式を導入したい」と言い出したことから「それじゃぁ、一緒にヨーイ、ドンで始めよう」ということになり、ウシオ電機と井関農機で同時にトヨタ生産方式の勉強を始めることになったそうです。

ウシオ電機の場合は、1978（昭和53）年7月7日に井上富夫さん（トヨタの指導を横浜ゴム在籍中に長く受けた担当者、後にNPS研究会・実践委員第1号）が播磨工場に指導に来られることになりました。それまでは、「やれ増産だ」となれば、「建屋が必要」だの「機械も必要」「人間も必要」ということでやっていました。

その日を機に発注間際だった建物も設備機械もすべてキャンセル、当時の丸井清治・工場長（後にウシオ電機・専務、ウシオライティング・社長・会長）が欧州に行って数億円もする機械を買ってきたのも、違約金を払ってキャンセル、さらには人員の採用もまかりならんということにしました。自然減の後は人員補充しない、設備投資については、1件一万円以上は使わないと決めたのです。ウシオ電機では後にこれが7月7日の七夕の日であったことから、「七夕ショック」と呼ばれるようになりました。

注文が多い訳ですから増産はしなければなりませんが、そうした中で、「今後1年間で、人員も30％削減しよう、仕掛品も30％減らそう、在庫も30％減らそう」というすべて30％減の目標を立てます。

その結果がどうなったかといえば、仕掛りについては、3カ月程で30％どころか70％減で、以前の30％となってしまい、人員に関しても1年後に29％の削減を達成しました。

✓ 「ニュー・プロダクション・システム（NPS）」の名付け親

ウシオ電機の改善活動が成功した要因を考えてみますと、やはり「言い訳をしない」ということが重要なポイントでした。ウシオ電機では改善を進めるにあたって、「言い訳」は厳に慎むことを誓いました。要するに、現状のままで良いと思うならば、何もシンドイことはしなくてもいいですが、何とか現状打破をしたいと当時は思っていた訳ですから、これに挑戦して、そのためには「言い訳」をしないというのが基本でした。

世の中の企業の多くは、現状維持で十分というところもあるでしょう。それはそれでやればいいことです。でも私たちは現状を打破するという「志」、つまり同じ旗印の下に集まったのですから、「言い訳」をしないで、立てた目標は何としても達成するよう頑張ろうということでやってきました。

こうしてようやく成果に手応えを感じ始めた頃、トヨタ生産方式の自主的な勉強会に参加を希望する会社も増え、そのうちの5社で1981（昭和56）年1月10日にNPS研究会がスタートしました。

トヨタ生産方式（その頃はまだ「TPS」という呼称ではありませんでした）を単なるクルマづくりだけの手法・手段ではなく、あらゆる製造業に応用できる「経営思想」であると考えたのです。「クルマづくり」と同じような生産方式で、「電球づくり」や「カマボコづくり」をすれば、同じように合理化が可能ではないかという裏付けのない強い確信がありました。

そこで、トヨタ生産方式の長所をロジカルに体系化する研究を行いながら、仲間同士の会社で改善活動を実践的に行い、「現地・現物・現実」の三現主義にもとづく検証を繰り返してトヨタ生産方式を超えるような新しい生産方式の構築を目指すという強い意気込みから「ニュー・プロダクション・システム」（THE NEW PRODUCTION SYSTEM）という名前をつけることになりました。

この「NPS」という名称の名付け親は、当時、オイレス工業の社長の川崎景民さん（ＭＩＰの名称の発案者でもある）でした。ＮＰＳの経営思想とは、新しく合理的な生産方式にして、日本という文化と土壌の上で成り立つものであり、「人間尊重」を理想としたシステムです。

研究会として組織化するにあたって、参加企業は「モノづくり」を行う「一業種一社」という原則を定め、資本と取引関係の枠組みを超えた業際集団にしようということが決められました。競合となる同業者に気兼ねなく、同じ理念と思想、目的、つまり「志」を共有する仲間同士であれば、お互いの会社のすみずみまで見せ合って、長所を学び合うことができるという趣旨でした。

爾来、これをベースに会員会社同士が切磋琢磨し、新しい経営思想を確立し、それを日本の「モノづくり」のため、日本製造業の発展のため、後世の日本に永く伝えていくことを日々努めています。

✓ トヨタ生産方式はNPS思想の源流なり

鈴村喜久男・初代実践委員長がトヨタを退職し、NPS研究会に参画したのを機に、NPS研究会では「かんばん方式」「ジャスト・イン・タイム方式」「大野方式」をベースとしながらも「トヨタ生産方式を凌駕する新しい一気通貫の全社展開の方式として、NPSを確立したい」という理想ともいうべき情熱がみなぎっていました。

大野耐一・初代最高顧問がトヨタ時代に生み出した「トヨタ生産方式」は優れた生産方式として、「モノづくり」のひとつのあり方を示唆していると世間ではされていましたが、それを基盤に「生産だけでなくトータルの経営思想としての効率化を追究しよう」という考え方に立脚して始まったのがNPS研究会です。つまり、NPSの源流はトヨタ生産方式にあります。

しかしながら、当時においてもNPSの手法だけが絶対であるとか、トヨタ生産方式を否定するという気持ちは、誰にもありませんでした。また一方で、NPSはトヨタ生産方式の単なる亜流や模倣でもあるとは認識していませんでした。しかし、共にルーツは一緒ですが、別個のものであり、そこには厳然たるレベルの差があるという事実が存在します。

トヨタ自動車では大野さんや鈴村さんが退かれた後、現在の張富士夫名誉会長や池渕浩介顧問・技監（NPS研究会・第二代最高顧問、現特別顧問）、そして林南八顧問（NPS研究会・第三代最高顧問）らの弛《たゆ》まない努力により、トヨタ自動車においてトヨタ生産方式は大いに進化を遂げました。

トヨタ生産方式とNPSとの差はまさに大学院生と小学生ほどあり、早々簡単には追い付けない距離であります。しかしながら、それを埋めるために真面目に地道に走り続けていくのが、NPS研究会に課せられた使命であり試練であると認識されています。

言い古された例ですが、富士山の頂上を目指す時に色々なルートがあり、その登山者の目的と条件にあった最良のルートが選択されればいいのであって、唯一絶対のルートは存在しません。それと同じくしてトヨタ生産方式を源流とするNPSを学ぶと志した会員各社は、それぞれ自社に合った最良のシステムを生み出すことを目指せばよい訳です。

NPS研究会は発足以来、画一的な思想や手法を会員各社へ押し付けようと試みたことは、一度たりともありません。会員各社の歴史、風土、文化を尊重するという姿勢は一貫しており、だからこそ会員各社が改善部門に独自のシステム名を付けることを奨励してきています。

会員各社のNPS推進部門は、本部、部、室などと組織の大小はあるもののオイレス工業のOTEC、紀文食品のNKP、オグラ宝石のORS、新進のSPS、横河電機のNYPS、すかいらーくのSSC、石川ガスケットのCPS、プロネクサスのNAPS、ノザワのNNPS、バンドー化学のBPS、指月電機のʃIΣS、クリナップのCPS、新東工業のNPS、キッツのNEWKICS、岩塚製菓のIPS、阪神内燃機のHNPS、三井ハイテックのMPS、村井のMECS、新日本ウエックスの

WPS、イトウ製菓のMIPS、リンガーハットのRNPS、KVKのKPS、テラルのTPS、三甲のGPS、JMSのBPS、石村萬盛堂のNPS100、ゼブラのZPS、正田醤油のSHOPS、太陽化学のNPS、カトーレックのKIPSといった各社の特徴が窺える多くの名称が存在し、これらが全て同じNPSの理念から派生していることには論をまちません。

トヨタ生産方式が単なる「モノづくり」だけでなく、製造業にとって卓越した「経営思想」であると捉えたことでNPSが始まり、同じNPSという根から各社に合った方式《システム》が、百花繚乱の如く生まれ、育ち、やがて大輪の花を咲かせて欲しいとの熱い思いは、大野耐一さんや鈴村喜久男さん、オイレス工業の川﨑景民さん、紀文食品の保芦將人（NPS研究会・名誉顧問）さんたちと共有したものであり、NPS研究会黎明期における共通認識、夢、ロマン、そして悲願でもありました。

トヨタ生産方式はNPSのルーツですが、しかしながら永遠に追いつくことができない憧れであり、理想であり続けるかもしれません。しかしながら、NPS研究会・

会員各社の積極的で継続的な活動によって、日本における「モノづくり」の進化・向上・発展が存在するというのが、ＮＰＳ研究会の基盤となる信念です。

グローバル化の中で勝ち残る道

円高やグローバル化、得意先の要請などを理由に人件費の安い中国や東南アジア諸国へ工場を移転する企業が相次ぎ、このために国内産業の空洞化が長らく問題視されています。多くの日本企業を見ていますと、海外に工場を移す最大の理由として、人件費が安いから出て行くということですが、他の会社も同じように出て行く上、進出先の国の賃金も上がったりしますので、たちまちのうちにメリットを享受できなくなってしまいます。

ＮＰＳ研究会では、人件費が安いという理由だけでは海外に工場はつくらないよう指導してきました。国内でも同じです。工場は需要のあるところにつくる、地域対応していく、この考え方が基本です。もちろん、海外進出を頑なに否定してはいません。

もし中国や東南アジアに行くならば、現地のために、現地の需要を満たす目的で行くべきであると指導しています。それは人件費の安さを理由にするのではなく、あくまでも地域対応であるという考え方に立脚しているからです。

例えば、東京の会社が九州に工場をつくるのは、九州で生産したものを東京に持っていくためではなく、九州市場で売るためだけにしなさい、同じように北海道は北海道市場だけのための工場にしなさいということです。そのほうが鮮度の問題にしても、運送コストの問題にしても、良い効果が出るのは明白です。「ローカル化」が基本であり、それが一番です。

近年、中国や東南アジア諸国でつくられた安い製品が日本製品を駆逐していると聞きます。食品会社を例にしますと、本当の顧客とは、問屋でもスーパーでもなく消費者です。その消費者が望んでいるのは、良い材料でできた新鮮な食品です。

ところが、アジアのある国でつくると人件費が10分の1だから安くできるといって、それを日本に大量に輸入しても、材料が悪く、安全性にも問題があり、鮮度も落ちているから美味しいはずがありません。結局、海外でつくっても売れ残りが出たりして、割高になり採算が合わなくなりかねないのです。

一方、日本で一番良い材料を使い、鮮度の良い商品を提供する国産にこだわるメーカーの製品は、値段が多少高くても消費者は輸入品ではなくこちらを選ぶので売れます。これこそが差異化の効果です。

国産野菜と材料使用を謳ったリンガーハットの成功事例を見れば一目瞭然でしょう。

ＮＰＳ研究会の会員会社が国内あるいは海外に新たに工場をつくる時には、「工場をお盆の上に載せて持って行きなさい」と言っています。そのくらい使い慣れた設備を活かし、技術の習熟度を高めてからやりなさいという意味です。

海外で採用した言葉も通用しない不慣れな人を相手に、何カ月もかけて製品づくりの教育をするといったことがないように、進出したその日から生産が順調に始まるようにするべきだと考えています。

特に海外の場合、使い慣れない機械を現地調達して設置し、それが思うように動かなかったら、大変な損失につながります。文化の違いもありますから、いつも簡単に日本でやっているのとは、大きな違いや誤解がしばしば起きることがあることに気をつけなければなりません。

まずは日本国内で強い「現場」を持っていなければ、海外へ進出しても成功しません。

日本国内ですでに現場力が弱っているメーカーが、起死回生を期して海外で「モノづくり」を行うとしても、うまくいかないのは当然です。力のない者が、ましてや文化も民族も言語も慣習も違う異郷の地で指導しても、脆弱な現場しかできないでしょう。苦労と莫大なエネルギーを浪費するだけです。

海外でも通用する現場力は、日本国内に強い「現場」あってこそ実現することで、強い現場力は日本国内でしか磨くことはできないと、NPS研究会では明言しています。

✓ 安易な外注は技術の研磨と伝承に害あって益なし

アウトソーシングという美名がいまだに流行っています。自分のところでつくるより、インターネットで世界中の企業の中から最も安くつくれるところを選び出し、それによってトータルコストを引き下げて競争力を高めるといった手法です。しかし、それは各社各様で一概に正しいとか、正しくないと言えないにしても、無理があるように思えます。

外注には二種類あって、要するに私たちの「手足となってくれる外注」、つまり協力企業と、必要な時だけに仕事を頼む「松葉杖的な役割の外注」とに分けています。協力企業に関しては、私たちの手足ですから、同一ライン上にあるとの認識で対応しています。

これに対して、一般的に言う外注先とは、簡単に表現すれば寿司屋とか蕎麦屋の出前や宅配ピザといったものと同じだと考えたらわかりやすいかもしれません。外食や出前ばかりに頼っていては、家計を圧迫しますし、奥さんの家庭料理の腕は落ちるし、それに家庭料理と比べてどちらが安全かということもあり、そこで答えは決まります。企業の場合も外注のほうが内製よりも安くできるという話になりがちですが、実はそうでないとNPS研究会では考えています。外注は割高なのだということです。

それに料理をつくるには、いろいろな経験とかそれなりの技術を要するもので、毎日、多品種のおかずを上手につくる家庭の奥さんは、それなりに立派な技能者であり、多能工と言えるかもしれません。それができるのも母から娘へ伝えられてきた「おふくろの味」が生きているからで、コンビニ弁当や冷凍食品で育った人には美味しい家庭料理はできないものです。技術の伝承ということは、やはり大事なことです。

最近、「専業主婦」の地位を昔と比べて低くみるような風潮があるようですが、「専業主婦」の知恵と技術には端倪《たんげい》すべからざるものがあることのわからぬ妄言のせいでしょう。

2004年の法改正により製造業への人材派遣業が認められてから「工場内外注」

が、日本の製造現場で当然の如く見られるようになりましたが、「技術の伝承」を考えると正社員化が強く望まれます。

✓ 「Ⅲ類」「Ⅱ類」「Ⅰ類」へのステップ

ＮＰＳ研究会では、「Ⅲ類」「Ⅱ類」「Ⅰ類」という名前で目指す生産方式の段階を区別しています。つまり、「Ⅲ類」とは、後補充による生産方式のことです。「後補充生産方式」の最大のメリットは、商品の多様化・短命化が留まることを知らぬ中で、つくり過ぎを防止することができることにあります。しかし、動きの速い市場に対応し、新製品への切り替え、あるいは製造中止といった事態が繰り返されるたびに、各工程の後に構えたストア（一時的な置き場）における在庫や完成品は、否応なく残らざるを得ません。つまり、つくり過ぎは防止することができても、「Ⅲ類」生産では最後の売れ残りは防止することは残念ながらできません。

では、売れ残りをゼロにするには、どうしたらよいでしょうか。

「後補充生産方式」は引き取られた分だけ補充していくという考え方です。これはどれだけの量が引き取られていくのか、わからないからストアを設けておかなければなりません。しかし、引き取られる量が初めからわかっていれば、その量だけをつくれば済むことになります。ラインの出口にある完成品ストアをなくすには、顧客の注文をラインの先端に直接届くようにし、受注に直結対応したモノづくりをすれば、完成品はストアに残ることなく、全ての顧客に売れることが約束される訳です。

つまり、NPS研究会では、確定受注に基づく「厳密な意味の注文生産」を目指すところに特徴を持っているのです。これを「Ⅱ類」生産と呼んでいます。完成品ストアを持たず、さらには中間品ストアや材料ストアさえなくし、一切のモノのストックを持たない生産の在り方を追求した姿が、「Ⅱ類」生産です。

モノのつくり方・売り方には、寿司屋がひとつの例になります。

①スーパーマーケットで売る寿司

これは見込み生産で、売れ行きを想定して寿司弁当といったパックをつくって販売するパターン。

②昔の回転寿司

これが「Ⅲ類」生産に当たります。回転寿司は周知の通り、いろいろな寿司を載せた小皿が客席カウンターの前に設置されたチェーンコンベアの上に載せられて循環して、顧客が自由に自分の好きな寿司を皿ごと、必要に応じて取るというシステムです。

つくる側は売れそうな寿司を各種ある一定量つくってコンベアの上に載せるため、見込生産とは発想が全く違って、顧客が食べた種類の皿（完成品ストアから引かれたということと同じ）だけを補充する方法です。これは「後補充生産方式」であり、売れないモノはそれ以上つくり過ぎることが避けられます。スーパーの寿司より鮮度の良いモノを常に提供できるのが強みとなります。しかし、注文を聞いてから全てつくる訳ではありませんので、売れ残りが出ることは避けられません。

③江戸前握り寿司

これが「Ⅱ類」生産です。顧客の注文に応じて寿司ダネを切り、握り、客の前にパッと出す。顧客の好みや要望を受け入れたサービス度の高い理想の商売のあり方です。客の顔を見て握りますから、タイミング、鮮度において昔の回転寿司より格段に勝ります。感心なことは最近の回転寿司では、ベルトコンベアが二段式になっていて、下の段は店側が見込みで流し、上の段はテーブルにおかれた端末で顧客が好きなものを注文したら、鉄道模型みたいなものに載った皿が特急列車のように飛んで目の前にくる仕組みになっています。

つまり「Ⅱ類」は「Ⅲ類」よりはるかに優れた製造パターンだということです。また「Ⅱ類」とは既製服でなく、仕立屋さんによるオーダーメイドの服と捉えても理解しやすいかもしれません。

但し、ここでの「Ⅲ類」とか「Ⅱ類」とかの話は、未だ「モノづくり」の方法論に留まっていますが、NPS研究会で言う「Ⅱ類」は、生産（B部門）だけの分野に留まらず、〈A＋B＋C〉経営の全社展開を追求していることに、他の企業がマネできない差異化の武器があるのです。

　この「Ⅱ類」生産を究極的に進めた形が、「Ⅰ類」生産です。しかしながら、理想の域を出ていません。敢えて説明するとすれば、寿司カウンター付きの漁船で沖に出て、顧客が注文する魚を釣り上げて捌《さば》いて出すといった感じですが、実際のところは注文に応じて必要な魚を自在に釣り上げることはできませんので、具体例として正確な説明にはなりません。

　現在ＮＰＳ研究会では、「Ⅲ類」生産を「Ａタイプ」生産、「Ⅱ類」を「Ｂタイプ」生産、「Ⅲ類」と「Ⅱ類」の混合生産を「Ｃタイプ」生産とも呼称しています。

コラム❷「意・志・氣」を持つ

ＮＰＳを追求する者が持つ魂は、まさに「意識」です。その「意識」は、「意・志・氣」の三つからなっていると私たちは考えています。

「意」は心に思うこと、気持ち、考えのことです。人それぞれの個性の原型、個々の人格の素であるといってよいかもしれません。まずは自分一個人の人となり、自己を明確に打ち出す必要があります。これは、人間としての心をつくり、思考を養うという意味です。

「志」は、理念、理想、目的、目標、動機、使命の源泉です。人生において非常に大切な要素であり、「志」に生きれば、周りから大いに共感を得ることができます。

経営にも「志」を持つことが大切です。「志」がなければ、何事もなし得ることはかないません。

「氣」は、旧字で表記します。人間の精神や魂をなすものであり、活力と生命力の根源となる意志あるエネルギーのことです。

前向きに取り組もうとする真摯な姿勢、つまり「やる気」と「本気」さが身体からあふれ出て、空気を伝わって他人を揺り動かすエネルギー、また外部から見え感じることができるほどの強い「想念」を指すといわれています。

ＮＰＳ活動に従事する者は、満ちあふれるほどの「氣」を持つことが求められているのです。

Ⅲ 「経営効率」追求を目指すモノづくり

✓ 「経営効率」とは何か

ＮＰＳ研究会では「1個づくり」とか「1個流し」という表現を使います。

例えば、ある会社では従来、２０００個のロットで生産していたとします。それを私たちの指導で、最終的には「1個」が目標ですが、まず1ロット50個、10個などに直します。

２０００個ロットで生産している時、抜き取り検査で1個でも不良品が発見されると、２０００個全部が不良品だということになってしまいます。しかし、１ロット50個でつくったとして、そのたびに検査する仕組みにしておけば、たとえ不良品が出たとしても、その50個だけで助かる訳です。1ロット10個ならもっと痛手は小さくなります。そう考えると、理想は「1個」ずつつくることだとわかります。

したがって、いろいろな言い方がありますが、小単位で、できれば「1」という単位で流せば一番安全ですし、一番効率が良いとNPSでは考えています。

1分間で10個つくるのを1分間で100個できたら効率が良いと私たちは教えられてきました。もちろん、つくった品物がすべて売れるのならばその理屈も悪くありません。しかし、売れなかったら、それは高効率どころか逆効果であり、損失になってしまいます。ですから売れるのに応じた機械で十分ですし、構えをできるだけ小さくしたほうがいいということです。

100個しか売れないのに、150個つくっておいたほうが安くできるとか、仕事が楽だとか言って結局50個売れ残りを出すよりも、100個でいかに安く、お客さんに喜ばれるモノをつくるかが勝負を分けます。これが「減量経営」と「限量経営」の要です。

「量産すれば安くなる」という一般通念がいまだにあり、逆に「多品種少量生産は割高」と信じられていることから、頭の使いようによっては「多品種少量生産」を行う企業は、つくり過ぎのムダを回避できる上、品薄感から製品を高く売ることができて儲けることが可能になると言えるのではないでしょうか。

✓ 売れ残りの罪と「人間尊重」の関係

日本人女性の２０１５（平成27）年の平均寿命は87・05歳で、26年連続で長寿世界一を維持していましたが、香港に抜かれて世界2位。他方、男性は80・79歳と5年連続で過去最高を更新、順位は前年より一つ上げて世界4位となったそうです。

織田信長は桶狭間の戦いに出陣する際、「人間五十年、下天の内にくらぶれば、夢幻のごとくなり……」と舞ったと伝えられていますが、信長の時代に比べ、今は随分と日本人の寿命も延びたものです。

しかし、長寿になったと言っても人生には限りがあり、人生の一コマ一コマは二度と戻らぬ貴重な「かけがえのない」時間であることは言うまでもありません。ところが、企業の多くが自社の従業員の「かけがえのない」時間をムダに費やしていることにまったく気付いていないのです。

「売れ残った商品」や「不良品」、あるいは倉庫で眠ったまま死蔵品化している「在庫」とは一体何なのでしょうか。それは、従業員の汗と苦労に満ちた労働時間の結晶です。もちろん、その前段階の原材料メーカーや下請けの部品会社の方々の貴重な時間もその中に含まれています。

ましてや日本は資源の乏しい国で、原材料や燃料の石油も海外に依存しているにもかかわらず、せっかくつくった品物が顧客に届くこともなく、廃棄されたり、とんでもない捨て値で処分されていることに、怒りさえ感じないでしょうか。

特に食料輸入大国で食料自給率が問題となっている日本において、ファストフード店やコンビニで処分される食品は、さまざまなデータがあるものの、日本の食品ロスは年間500万トンを超えると言われています。日本のコメ生産量に匹敵し、日本が

ODAとして食糧援助をしているナミビアなどアフリカの3か国向けとほぼ同じだそうです。

一生懸命苦労してつくった品物が売れなかったら、その間に費やした人たちの人生の大事な時間を企業はムダにした訳で、「つくらせた人間」つまり「経営側」の罪は実に重いのです。

有名なファストフードチェーンでつくられて廃棄されたはずの食材が、悪徳業者によって、消費期限切れもおかまいなしに安売り店に転売されて販売された事件がありますが、そもそも廃棄が出るような「モノづくり」をするということ自体が元凶であって、肝心の元々の加工作業を行ったファストフードチェーンの罪を指弾する人はいませんでした。

メーカーにおける「人間尊重」とは、そうした貴重な時間を使ってつくった商品や製品をきちんと売り切り、利益を上げて、そこで働く人たちに喜んでもらえるような職場環境の整備をしたり正当な賃金を払うことです。「会社は誰のものか」といった議論がありますが、「従業員満足」がすべての原点にあるのは論をまちません。

では、NPS研究会が考える「人間尊重」とはどういうことなのでしょうか。それは、会社において、あるいは職場において、従業員の一人ひとりが人生の一番生き生きした期間を過ごし、仕事に生きがいや感動を覚えながら働くことだと思っています。

つまり、「人間尊重」とは一人ひとりの「時間を大切にする」ことであり、「世の為、人の為になるように」「何よりもつくったモノがきちんと顧客に届くようにすること」であり、仕事をムダにしないで成果に結び付けるために、付加価値のつかない仕事を1秒たりとも「させない」「しない」のが、NPS活動の原点なのです。

✓ 大量生産神話を徹底的に否定

NPS研究会は、どのように企業の活性化、蘇生指導をしているのかと説明しますと、「1個ずつ、ワンセットで、流れによる後工程引きで、売れのタイミングに合わせてモノをつくる」という考えから出発します。日本には昔から「豊作貧乏」とか「貧乏人の子だくさん」という言葉があって、必ずしも量が多いのが良いことではないという先人の知恵があります。

つまり、「モノ」を生産する場合でも、大きなロットで流すのではなく、できるだけ小さなロット、できれば一番小さな「1」という単位で生産を行うのが最も望ましいという発想です。「多品種少量生産」、その究極の「1個づくり」です。

「モノを1個ずつつくれ」と言っても、今日まで量産型生産にドップリとつかってきた企業にとっては、どうしたら良いのかまったく理解することができません。「1個ずつつくっていたら手間ばかりかかって、能率が下がってしまう」という反論が出てくるのは当然のことです。

もちろん、「多品種少量生産」や1個づくりよりも、「少品種大量生産」のほうが、理屈の上では能率もいいし、安くできます。これはチョボ、あれはチョコットという具合につくっていては、手間ヒマばかりかかって仕事の流れが悪くなり、コスト高になると見るのが常識かもしれません。ところがNPS研究会の見方では、「それは間違い」なのです。

「小ロット生産」、「多品種少量生産」、1個づくりは、事実としてそこだけを見れば非能率的です。一気にワーッとつくったほうが安くつくれるはずです。しかし、大量生産のほうが良いのだというためには条件があります。それは、「売れる」という条件です。しかし、大量に生産して、それが売れなかったらどうするのかというのが問題です。

確かに高度成長期が終わり、輸出市場も競争が厳しくなっている中で、今や大量生産が企業間競争で強い武器になる時代では必ずしもなくなりました。むしろ、つくり過ぎが自らの首を絞めるようになっています。

昭和の高度成長期であれば、一時に大量生産を行って、その時は少々過剰在庫になったとしても、しばらく経つと「神風」が吹き、それで在庫を一掃して救われることが多くありました。しかし、そういった景気の良い話は日本では過去のこととなり、低成長すら難しい時代にある私たちは、もはや「神風」をアテにすることができません。

また、消費者のニーズも多様化し、個性化の方向へ一層の拍車がかかる時代において、「モノ」が一度に大量にさばけることはほとんど期待できなくなりました。加えて、猛烈なスピードで技術革新が進行しています。つい先日、新製品として登場したモノが、数カ月を待たずして旧タイプとして見向きもされなくなるのが現実です。

自動車でもガソリンエンジンからハイブリッドが主流になり始めました。しかし、供給が需要に追いつかない「Aパターン」の時代から、供給が需要を上回る「Bパターン」の時代を迎えても、依然として多くのメーカーは小回りの効かない大量生産主義によるコストダウンという幻想から脱皮できないでいます。

「Bパターン」の時代では、すべて「1」を単位とすることが重要です。

10は10というカタマリと考えず、1×10と考えます。「1」を10回流せば10となり、100回流せば100という量になります。その生産の仕組みと流れを人間の知恵でコツコツと磨き上げることが、「Bパターン」の時代の勝ち残りの正攻法なのです。

✓「段取り替え」をいかにスピーディーに行うか

「多品種少量生産」、1個づくりを行うにあたっては、「段取り替え」のスピードアップが要求されます。そもそも大量生産のほうが安くつくれるという発想には、一度段取りを行うと、それに時間や人手など多くの手間がかかり、その間、設備が稼働しない状況に陥るのを避けるために、できるだけ「段取り替え」をしないほうが有利だという発想に陥っているという前提があるためです。

例えば、かつては自動車のボディーをつくるための大型プレスは、「段取り替え」に大勢の人間が寄ってたかって1時間以上もの時間がかかっていました。ところが今日では「シングル段取り」といって、「段取り替え」の時間は10分を切り、9分以下になっています。ゴルフのハンディでも、シングルになればたいしたものですが、「段取り替え」も1時間以上かかっていたのが、「分」や「秒」の速度でできるようになれば、それは素晴らしいことです。

何と言っても「段取り替え」の間は機械を動かすことができなかったのが、短時間の「段取り替え」ならばそれほど機械を遊ばせておかなくても済むわけです。1時間かかる「段取り替え」を1日4回やるとなると、4時間も時間を空費することになってしまいますから、できるだけ「段取り替え」をしないで「余分につくっておこう」ということになりがちです。

しかし、ある機械を「段取り替え」しないで可能な限りフル稼働させようとすると、仮に3種類のモノをつくるには計3台の機械が必要になることは言うまでもありません。余計な機械があと2台も必要になるのです。しかも、1日に必要な量以上をつくることになれば、それが在庫になって、倉庫もいるし、人手もいるし、カネが寝るし、リードタイムは長くなるし、いいことはありません。何よりの問題点は、品質の履歴がますますわかりにくくなることです。万一、クレームがあった場合、履歴管理がしっかりしていれば、再発防止の手も打ちやすいのです。

そこで、「段取り替え」の時間が大幅に短縮できるようになると、事情はガラッと変わってきます。従来は1時間かかっていた「段取り替え」が15分でできるようになると、それぞれ異なったモノを1日で4種類つくれるようになる訳です。さらに1分で「段取り替え」ができれば、60種類のモノがつくれます。となれば、「多品種少量生産」も1個づくりもできるようになるということです。

✓ 在庫・設備についての考え方

「在庫を持っていたほうが、攻めの営業ができる」と営業マンなどはよく口にします。「在庫がないと急な注文が入った時、品物がなくて欠品して、お客さんに迷惑がかかる」というのが彼らの主張です。東日本大震災の時も、「在庫を持っていないから、非常事態の際に部品が届かず減産に陥った」とサプライチェーンの弱点がしきりに指摘されました。

しかし、NPS研究会ではあくまで「在庫は持つべきではない」と考えています。もちろん、適正な在庫を持っていてよい時は持つべきでしょう。しかし、持つべきでない時は持たないのが肝心です。特に、売れ残る恐れがあるような在庫は絶対に持つべきではありません。

在庫を持ってよい時はどのような時かというと、おせち料理とか、冬しか売れないスノータイヤといった季節限定品です。最低限の在庫を持つのは仕方ないことだと思います。

仮にそうだとしても、売れ残らないように少な目に手持ちしておくほうが損は出ないはずです。ＮＰＳ経営では「売り逃しからは実損は出ない」と考えています。どこの会社でも、営業というところは、ちょっと売り損なったら大騒ぎをします。売り損なって山のような在庫を抱えてしまった時は、営業は知らん顔です。ですので、営業が言うことについては、敢えて目をつぶることが必要です。営業を満足させるには、設備や人員など「構え」を大きくしなければならなくなり、必然的に原価高に陥ってしまいます。

在庫がなくて「売りのチャンスを逃した」「受注できなかった」というのは、営業の「錯覚」であり「言い訳」でしかありません。大野さんは「営業に迷惑をかけるな、でも営業の言う通りにつくるのもいかん」と言っておられます。まさに至言です。トータル原価を下げ、品質を良くする一番の早道は、不良品をつくらないことにあります。世間の多くの会社は、不良率が非常に高く、それが普通のことだと思っているようです。ところが、不良品をつくらないように努力すると、品質が良くなり、原価が下がっていきます。

それともうひとつ大事なことは、品質の良い製品をつくり、短いリードタイムでモノをつくるための設備や治具、その他の機械の内製化を進めることです。これが非常に重要です。NPS研究会では会員各社に対して、それまで外注に出していた仕事を内製化するだけに止まらず、設備の内製化についても相当に力を入れて指導しています。NPS研究会が発足当初から「NPS設備研修所」を持ち、会員各社からの社員をここで教育・訓練してきたのは、自社で使う機械をできるだけ内製化するためです。

会員会社の中で、収益面で成功しているところは、設備の内製化を地道にやってきています。よそから買ってきた機械には、不要な機能がいっぱいついている上、サイクルタイムに合わない、値段が高い、故障した時に自分たちの手で直すことができないなど、大きな問題があることを多くの企業は見落としています。

特に食品メーカーにおいては、自分たちの手で常に直すことができる機械を使って「モノづくり」をすることができれば、外部の人間を工場内に立ち入らせる必要もなく、衛生面においても有効な生産空間を構築することができます。

また、大きな災害に見舞われた時、内製化の機械設備であれば自分たちで直してラインを復旧できますが、よそから購入した場合、その会社専属の修理工にも限りがあり、大口顧客から優先的に修理に回りますから、下手をすると相当長期間、順番待ちをさせられる羽目にもなります。メーカーにとっては極めて大きな二次災害を引き起こすことになります。

✓ 座って料理をつくりますか

ＮＰＳの「モノづくり」では、「仕事の流れをよくするにはできるだけ分業しないこと、させないこと」という考え方があります。セクショナリズムを認めるから仕事が停滞すると見ているためです。

また、「座り作業を立ち作業に変える」ことも大事な視点です。立っていればこそ、いくつもの工程や作業を一人でこなすことができます。座っていたら、隣の人の作業が遅れていても、ちょっと立ち上がって手伝うこともやりにくいはずです。しかも、立ち上がったり座ったりとムダな動作がそこに発生してしまいます。

しかし、「座り作業をやめて立ち作業にしなさい」と言っても、一人だけならともかく大勢の人間を説得しようとすれば、そう簡単に話は進みません。まして、「一人で何台もの機械や工程を担当しなさい」と言っても、「自分の仕事だけで手いっぱい」と拒否されることはまず確実です。

座り作業よりも立ち作業のほうがずっと能率が上がることを理解してもらうために、ＮＰＳ研究会の指導員たちはしばしばこんなたとえ話をします。

「皆さんの奥さんやお母さんはご飯をつくる時とか、洗濯をする時に座ってやっていますか。そんなことはないですね。みんな立ってやっているはずです。座っていては仕事にならないからです。立っていればこそ、味噌汁ができる間に、魚を焼き、煮物をつくり、テーブルにお皿や箸を並べるという具合に、次々にテキパキと準備を整えていきますね。それと同じことで、皆さんも立って仕事をするほうがずっと能率が上がります」

と説明するのです。

「座っていると腰痛や動脈硬化の原因になったりしますが、立って動いていれば身体の脂肪も燃焼してスリムで健康な身体をつくることにもなるのです」

と言えば、「オー、そうだな」とかなりの人がわかってくれます。

実際、立ち作業になると、奥さんやお母さんのように、炊事も洗濯も、掃除も、子供の面倒も何でもできる〝マルチ人間〟になるように、現場の人たちも、それまでの「単能工」から「多能工」へと、さらなる力を発揮できる人間に変わります。企業では一人ひとりの従業員の持てる能力を高め、それを引き出していくことが大切であり、「人間尊重」の基本もそこにあるとNPS研究会では考えています。

例えば、キッチンでコンロが1口しかない時は、味噌汁をつくっていると、その時は他の煮物とかができませんが、コンロが3口ある場合には、野菜の煮物、魚の塩焼きと一度に一人で3品の料理をつくれます。

同様に、工場で機械の離れ小島をつくらないようにし、機械の配置を換えて流れにすると、作業者は一人で何台もの機械を受け持つことができる「多台持ち」「多工程持ち」が可能になり、本人も「多能工」に変身して活躍の場が広がります。

従来、旋盤工は旋盤工のまま、溶接工は溶接工として専門職のような形で仕事をしていました。しかし、NPSでは、生産現場において旋盤もフライス盤もボール盤もプレス機も、ある時には溶接機も扱う多能工として、人財を活用しています。

面白いことには、一人ひとりの能力が本当に活かされていくと、職場における「あの仕事は○○さんにしかできない」とか、「××さんにこの仕事を任せておけば間違いない」とかいう〝職場の神話〟が見事に崩れていくのです。ある人だけが得意としていた仕事を違う人が、ちょっとやってみたら何も難しいことではなかったり、むしろ、もっと簡単に合理的にできたりということがしばしばあります。

企業の中で「ブラックボックス」化している仕事を、さまざまな方法で「見える化」していくことは、企業効率を高める上で見落とせないポイントと言えるでしょう。さらに、営業や事務部門の「見える化」を図ると、会社全体の一気通貫にハズミがつくことは確実です。これこそ〈A＋B＋C〉経営の要諦です。

✓ リードタイムが長いと利益が出ない

生産のリードタイムとは、工場において原材料を投入してからモノができるまでの時間のことを言います。つまり、

《生産のリードタイム＝加工時間＋停滞時間》です。しかし、NPSの経営思想では、〈A＋B＋C〉経営を目指している訳ですから、開発・営業のA部門と調達・生産のB部門と物流・代金回収・アフターサービスのC部門が一気通貫で一体化し、企業全体としてトータルでリードタイムを短縮することがテーマです。生産のリードタイムに止まるのではなく、《トータルリードタイムの短縮＝経営効率の向上》こそが重要な課題なのです。リードタイムが長いと何が問題かというと、まず、

①需要予測を行う場合に長期需要予測になりがちで精度が落ちる
②この需要予測を現場が信用せずにヤマをかける
③生産計画が混乱する
④生産現場はロット生産で在庫を持とうとする
⑤自動倉庫などを必要とし在庫管理が仕事になる

等々が挙げられるでしょう。とはいっても、一般の企業ではそれらが当たり前に行われているので、一体何が問題なのか理解できないかもしれません。そこでわかりやすく2点に絞ると、第一の問題は売れる以上につくり過ぎるので原価アップになること、第二は需要の変動に十分に対応できないことが挙げられます。

「引き売りの魚屋」を例にしてみましょう。リヤカーに仕入れてきた魚を積んで、お得意様のいる地域を回って売る商売が引き売りです。

例えば、朝に１００円を元手に魚を仕入れ、夕方までに1円儲けて１０１円となったお金を、翌日、これを元手に夕方までに１０２円01銭にする。つまり、トータルリードタイムは1日であり、そして毎日1％の利益を確保していく商売のやり方です。これだと、1カ月後には最初の１００円は１３６円13銭になる訳です（説明の都合で人件費は未加算）。

わずか1％の利益でも、1カ月間毎日回転させれば36％強の利を生むことができるのがわかります。この「日銭商売」が教えてくれることは、資本の回転こそが〝商売の原点〟だということです。まさに、「利は回転にあり」なのです。

ところが、小金が貯まったおばさんは、「引き売りはしんどいので、小さな店を始める」ことにしました。店には魚のほかに、粗利が30%もあり、日持ちのする缶詰や乾物類を置くようにしたのです。しかし、遠くに住むこれまでのお客は魚を店まで買いに来てくれません。仕入れた魚が売れ残って腐ってしまいます。そこで、おばさんは、魚の仕入れをやめて、粗利が大きい缶詰・乾物など日持ちのよい商品だけにマトを絞りました。

店を構えたことで体は楽になったのは確かです。しかし、店を持つための費用や日持ちのよい品物をたくさん店頭に置いたことで、それと引き換えにお金がモノに換わり、おばさんの家ではお金がなくなり、回らなくなってしまいました。

おばさんはどうして稼ぎが悪くなったのか一生懸命考えました。でも、商売の原点を忘れてしまっては何が間違いだったかを思い出すことはできませんでした。

リードタイムが長くなり、在庫が増え、売れ残りが出るようになると、たちまち経営がおかしくなることがこの逸話からわかります。

✓ 求める形は屋台のラーメン屋にヒントあり

ＮＰＳ研究会が追求する「モノづくり」を一言で言うと、屋台のラーメン屋のような商売のやり方です。コンパクトな経営の究極の姿と言えるかもしれません。注文を受けると「ハイ、一丁」と短いリードタイムで店のオヤジさんがつくり、その場でお金を受け取ります。在庫はその日の分だけですから、つくり過ぎて捨てなければならないということもありませんし、貸し倒れもありません。完全な注文生産です。大盛りなのか、チャーシュー麺なのか、醤油味か味噌味かなど、お客の要望に即応える「あなたのためだけよ」のつくり方です。

店員もいませんから人件費はかからないし、仮にその日が雨で商売にならなくても、残った材料は翌日に回せばいい。場所が悪ければ、屋台ですからもっと人通りの多いところに簡単に移動ができます。真面目にやっていれば損はまず出ません。

オヤジさんがやる仕事には、麺を茹で過ぎないこと、スープの味を調整すること、ネギやメンマの量を決めて入れることなどがありますが、それらの仕事は「標準作業」化しています。

ＮＰＳの経営思想で言う「標準作業」とは、「人の動きを中心として、ムダのない順序で、効率的な生産をするやり方」のことです。これをラーメンのつくり方として捉えるのか、「標準作業」による企業効率のあり方として、フレキシブルな対応がスピーディーにできる商売と受け取るのかどうかの問題です。「標準作業」の三要素は、

①サイクルタイムを守る
②作業順序通りに行う
③標準手持ちを決めておく

ということです。

ラーメン屋でも大きな店を構え、大勢の店員を抱えて「さぁ、いらっしゃい」とお客の来店を待ち構えていても、肝心のお客が来てくれなければ赤字がかさみ、潰れてしまいます。小さなラーメン屋でもお客が行列しているようなところは、お客さんの好む味や内容となっていて、店の雰囲気の良さもあるから人が集まります。

これこそ、ＮＰＳの思想で言う「プロダクト・アウト」ではなく、「マーケット・イン」の発想で成功している現象です。美味しいラーメンを提供し、リーズナブルな値段ですから、お客が途切れることがありません。

このお客が途切れずに来てくれるということは、経営にとって大変大事であり、疎かにできません。今日はお客が溢れるほど来てくれたのに、翌日はどういう訳かお客がまったく現れないといった現象は何の商売・事業でもよくあることです。

しかし、ここで「よくあることだから仕方がない」と諦めて何ら手を打たないのでは、競争に勝てません。屋台のラーメン屋さんでも、チャルメラを吹くとか、近所のビルまで出前をするなど工夫を重ねています。雨の日には早仕舞いのため、割引値段にするという手もあります。

メーカーの場合も、毎日の生産量が大きな山と谷のように変動するのでは困ります。企業では、急に生産量が増大するとなると人手や設備能力が不足しますし、逆に生産量が急減すれば人手が余り、設備が遊びます。ですから、ラーメン屋さんだけでなく、メーカーも仕事が「平準化」するよう、生産部門だけの問題とせず、営業部門も日頃から受注の平準化に心を砕かねばなりません。

平準化には「量の平均化」と「種類の平均化」とがあります。NPS研究会では、効率的な物流の仕組みとして、大量輸送ではなく、できるだけ「多頻度サイクル」の輸送を心がけているのも、物流の平準化を図っているからにほかなりません。

✔ コストの意味を理解していない

1990年代初頭にバブル経済が崩壊し、バブルの時に無理に背伸びをした企業が軒並みおかしくなったのは周知のところです。それらの企業は「もう終身雇用や年功序列の時代ではない」と言い訳をしながら、社員のクビを切り、賃金の切り下げを行うなどしてきました。

そうした風潮に対して、少なくともNPS研究会では会員各社に対して、「クビを切るのはいかがなものか」と常に言い続けています。どうしても切りたいならば、給料の高いほうから順番に切りなさいというのが、NPS研究会の「人間尊重」の考え方の一端です。

企業が生き残るためにまず着手しなくてはならないことは、クビ切り以外にいくらでもあります。メーカーというのは、原料を買って、それを加工・組立てした製品を売るのが仕事です。要するに、消費者の要望する品質（クオリティ）、価格（プライス）、納期（タイミング）を満足させることが一番大切です。それを阻害する要因を「ムダ」と言い、その「ムダ」を徹底的に排除していこうというのが、NPSの経営思想の基本的な考え方になっています。

在庫、金利、不必要な大きな機械設備にしても、すべて原価を高める要因になっています。そうしたムダを排除していくにはどうするか。ムダにもいろいろなものがある訳ですが、地価の高い東京に本社を持つことも、会社によっては大きなムダになっているかもしれません。

仮に1000人の社員がいる会社で、300人が本社要員、700人が工場要員とした時、日本は人件費が高いから工場700人分のうち200人分の仕事を海外に持って行き、日本の200人の工場要員を切ってしまった場合でも、本社要員300人がそのまま残っていれば、カネを稼がない人がたくさんいて、その人たちが高い給料を相変わらず取っていれば、原価はさほど下がりません。

世界のマーケットにおいて日本の強力なライバルとなった韓国と比較すると、工場原価の割合は日本のほうが低いにもかかわらず、トータルコストとなると日本が高く、ここのところ国際競争力で韓国に負けるという場面が多くなりました。税制面での不利を指摘する意見もありますが、その最大の原因は一般管理費の差にあります。これを直さなくては、日本企業は世界のマーケットで勝つことはできなくなるでしょう。

それと、一般の企業でよく見ることですが、生産工程で発生した不良品をそのままにして、ラインを止める訳にはいかないので「後で処理すればよい」と平気で後工程に送り込み、最後の完成品のところまで不良品が届いている企業があります。

しかし、NPSの経営思想ではこのようなことを絶対に許しません。「自動化」ではなく人偏の付いた「自働化」が大切ですが、自働化で重要なのは、異常があれば設備を「止める／止まる」ことです。

NPS研究会の会員会社の設備は、どこも異常を感知したら直ちに止める／止まるようになっています。そのための道具として「かんばん」、AB制御、検査作業などが組み込まれているのです。コンベア作業の場合は、「定位置停止方式」の考え方を採用しています。「定位置停止方式」だと「標準作業」が組めますし、部品の置き場・工具の位置が合わせられ、しかも1ピッチ内の仕事が遅れそうになった時にはライン責任者を支援のために呼ぶことができます。

作業者は遅れを累積せずに正規の作業位置へ戻ることができる上、ライン責任者が不具合の始末をするので、前工程に問題点をフィードバック、つまり「異常への対策」ができます。とにかく、不良が発生したらその場で直すこと。最終工程で直そうという考え方は、大きなムダを発生させるので、直ちに検討すべき課題です。

✓ 「なぜ」をなぜ5回繰り返すのか

NPS研究会の教科書である『NPSの原点』には、「5回のなぜによる真因追究と再発防止」という項目があります。

大野耐一さんは著書『トヨタ生産方式』(ダイヤモンド社)の中で、「なぜ」を5回繰り返す重要性を指摘していました。『NPSの原点』では、「良いなぜ?」「悪いなぜ?」の事例として、機械が動かなくなったと仮定して、その原因を追究し、対策を講じる思考過程を説明しています。

【①なぜ? の例】

(1)「なぜ、機械が止まったのか?」

↓過負荷がかかって、ヒューズが切れたからだ
(2)「なぜ、過負荷がかかったのか？」
↓軸受部の潤滑が悪かったからだ
(3)「なぜ、潤滑が悪かったのか？」
↓潤滑ポンプが汲み上げていないからだ
(4)「なぜ、汲み上げていないのか」
↓ポンプ軸が磨耗してガタガタになっているからだ
(5)「なぜ、磨耗したのか？」
↓濾過機が付いていないので加工の時の切子が入ったからだ
対策……濾過機（ストレーナー）の取り付け

【②なぜ？　の例】

(1)「なぜ、機械が止まったのか？」
↓点検をしっかりやっていないからだ

(2)「なぜ、点検をしっかりやっていないのか？」
↓保全マンが忙しくて手が回らないからだ
(3)「なぜ、保全マンが忙しいのか？」
↓予防保全の仕組みと管理が悪いからだ
(4)「なぜ、仕組みと管理が悪いのか？」
↓部長の指導が悪いからだ
(5)「なぜ、部長の指導が悪いのか？」
↓社長の指導が悪いからだ
対策……社長の交代

このように「なぜ」を5回繰り返すと物事の真因が分かり、対策が打てるのです。

✓ 企業効率は〈A＋B＋C〉の全社展開で

大野耐一さんの時代の「トヨタ生産方式」は、名前の通り当時は生産方式であり「モノづくり」のあり方を指していました。しかし、その後はトヨタ生産方式もＮＰＳも経営トータルの思想へと発展しており、生産のことだけを言っている訳ではありません。

企業というのは、生産だけでなく、お客さんから注文をいただいて、つくってお金を支払ってもらうまでが仕事です。「モノづくり」の生産現場である工場だけの問題ではありません。

メーカーが何で勝負するのかというと、それは三つしかありません。

①いい品物をつくること
②顧客の希望する通りのタイミングで品物を納めること
③市場価格で十分に利益が出るコストでつくらねばならないこと

そこで問題となるのは「コスト」について、ほとんどの企業ではコストの意味を工場原価だけに当てはめている場合が多いということです。

「企業全体のコストを下げなくてはいけない」とNPS研究会では発足以来、言い続けています。デフレ経済が進行し続ける中で、「価格破壊」という言葉がよく使われていますが、「価格破壊」された価格こそ「真の価格」ではないかと私たちは考えています。厳しいことですが、それでも利益が出るような体質づくりをしようとしているのがNPS研究会です。

また円高による厳しいコストに対しても、最後の最後まで利益が出る体質づくりに挑戦をし、安易に海外へ逃れるということは容認していません。海外の安い労働力の国で生産すると、一瞬、コストが安くなったと感じますが、さまざまな要因で原価アップを引き起こし、結局は「錯覚」であったと後で気が付いて後悔するでしょう。

企業間の競争は激しさを増し、ある分野が有望であると見れば、恥も外聞もなく誰も彼もが参入してそこへ攻め込んできます。同業他社が攻めてくることもありますし、異業種から攻めてくることもあります。それに加えて海外勢が攻めてくることもある時代ともなり、これらをすべてハネ返さなくては、企業は勝ち残れなくなってきています。NPS研究会では生産面だけではなく、財務・経理・営業・購買・物流についても指導を行っています。経営の全社的効率化がテーマですから当然のことです。

ほとんどの企業の営業というのは、仕事の80%はクレーム処理と納期管理に追われています。したがって、生産部門が「品質、納期は保証付き」と明言することができれば、営業の余分な仕事の多くはなくなるはずです。そうなれば、本来の営業の仕事、つまり新規開拓とか、顧客情報の収集とか、本当のマーケティング活動ができるはずです。

また、研究開発部門で「こんなモノをつくってみてはどうか」と新製品の提案があれば、現状の社内にある機械でとりあえず製造してみればよいでしょう。売れることがわかれば、小さなラインを手づくりし、開発や営業は「次は何をつくればよいか、もっと売るためにはどうすればよいか」と考えればいいのです。

NPS研究会では、「生産・営業・物流のベクトルを合わせよ」と口を酸っぱくして、会員各社を指導しています。ＮＰＳ研究会のコア思想である〈Ａ＋Ｂ＋Ｃ〉経営では、これは端的に言えば「ベクトルを合わせなさいよ」という意味です。

「Ａ」とは開発設計から営業のことを指します。顧客ニーズを掘り起こし、マーケティングを行ってニーズに相応しい製品を開発して設計し、生産部門への入り口へ渡されるまでの情報を加工する一連のプロセスと言ったほうがわかりやすいでしょう。

「Ｂ」とは生産部門、または会社の呼称によっては製造部門のことです。「Ａ」部門から受けた情報を製品というものに加工あるいは組立を行うプロセスを指します。

「Ｃ」とは、発送、納品から代金回収作業までを指し、できあがった製品を運搬して納入する物流部門と、売上代金の回収を進める営業の仕事に加えて、さらに経理・財務部門までも含めたプロセスのことです。

一般の多くの企業では、「生販一体」または「製販一体」という言葉をよく使いますが、実際のところ、生産部門からは「営業は勝手なことばかり言ってくる」とか、営業部門からは「工場がちゃんとつくらないから欠品や不良品が出るのだ」と対立する関係にあることが多く見られます。

あるいは、製品を納入した後でも、「売るのはオレの仕事だが、カネを取ってくるのはどうも苦手、そのうちに入金してくれるだろう」と営業サイドで、代金の回収が延び延びに放置されているケースがよくあります。

つまり、どこの会社でもAとBとCの部門があっても、それぞれが「有機的」につながっていないので、つまり、多くの部分が緊密な連関を持ちながら、その各部分が互いに影響し合っている様になっていないので、〈A，B，C，〉（Aカンマ、Bカンマ、Cカンマと読む）とカンマで区切られているのが実状で、つまり、セクショナリズムで社内が部門ごとの壁で仕切られ、それぞれ勝手に動いている場合が多いのです。

これに対して、NPS研究会では本気で〈A＋B＋C〉の全社展開を築き上げることに取り組んできました。「〈A＋B＋C〉とは、シュッシュッと流して、クルックルッと回すことだ」とは、鈴村喜久男・初代実践委員長の好んだ表現でした。

これを補足すると「メーカーは自分でつくって自分で売って、自分で運んで、お金を受け取ってくるのが一番効率的」ということです。

「モノ・カネ・情報」の速やかな循環・回転が、企業全体の効率化を高め、多品種化の流れというニーズにマッチした「モノづくり」を可能にし、コストダウンにつながり、競争力をさらに強くしていくのです。

ＮＰＳ研究会は単に在庫を減らすことによって、棚卸資産を持つことによる経営のデメリットを削り取っていこうという程度の経営戦術ではありません。「マーケティング〜新製品開発設計〜生産〜物流〜納品〜資金回収」という一貫した流れの強化によって、スパイラル的な「高度回転経営」を志向しているのです。

ＮＰＳ活動を始めると材料および仕掛り在庫が減り、完成品在庫がなくなって倉庫が要らなくなるだけではありません。工場のスペースが空き、設備投資の規模もガクッと減り、おまけに新製品の開発期間が大幅に短縮するといったさまざまな効果が出てきます。それよりも受注から納品までのリードタイムの大幅な短縮が、同業他社との差異化の大きな武器となり、競争力を大幅に向上させるのです。もちろん、収益的にも弾みがつく訳です。

だからこそ、会員各社の社長たちは、一様に「NPS研究会に入れて運が良かった」「もしNPS研究会に入っていなかったならば、ウチの会社はどうなっていたか分からない」などという話は別に誇張ではありません。

✓「5S」から経営全体の仕組みづくりへ

NPS思想の基本は、単純にして明快です。

- 小さな設備、少ない人数、少ない仕掛り、そして不良品なしで、リードタイムの短い製造技術を確立する
- ユーザーたる消費者の要求する品質、価格、納期を阻害する要因をすべて「ムダ」と見なし、これを営業・開発・生産・物流・管理などの企業の全部門が徹底的に排除するよう努める

このわずか100字強の文章の中に、NPSの改善活動の方向を示すすべてが表現されていると言えるでしょう。NPS研究会に入会したばかりの会社は、まず製造部門の改善から着手します。これはメーカーである以上、製造部門がしっかりとしていないことには話にならないからです。NPSの経営思想による新しい生産システムが軌道に乗るにつれ、〈A+B+C〉の輪のサイクルに結びつけていくのが手順になっています。

NPS研究会での改善活動は、段階を踏まえながら進んでいきます。もちろん、会社によってその進捗度が早いところもあれば、遅いところもあって一様ではありません。「いつまで準備運動ばかりやっているのか、走り出さないことには一歩も進まないではないか」と実践委員から叱られる会社もあります。

NPS研究会の指導は厳しいと言われています。なぜなら私たちはコンサルタント会社ではないからです。「NPSの経営思想を後世の日本に残したい」という「志」を共有し、私たちの「思想」に共鳴してくれる企業に力を貸したいだけなのです。

したがって、コンサルティング指導料はありません。ただし、黒字会社からは「研究会費」を納めてもらっています。「金を払っているからいいだろう」とか「金に見合った内容を指導しろ」といった気持ちでは、NPS活動は推進できません。「NPS研究会へ是非とも入会して、一緒に汗を流したい」という企業、未来へ私たちの思想を伝えてくれる企業だけを真剣勝負で鍛えています。

指導のプロセスは次のようなステップを踏んでいきます。

・**第一ステップ**……「5S」からのスタート。「5S」とは、「整理・整頓・清掃・清潔・しつけ」の五つで、不要不急なものはすべて捨て、必要なモノだけ、要るモノをすぐに取り出せるようにしていきます。工程は「点」の改善から始め、品質不良対策、仕掛り削減がテーマとなります。

・**第二ステップ**……工程のライン化による「線」の改善です。「かんばん」による在庫管理で、各工程をつなぐタイミングの仕組みづくりを行います。「ジャスト・イン・タイム」化をしていきます。各ラインの「点」の改善をつないで、生産性・品質・

歩留まりの目標を設定し、営業全員に対しても意識付けをしていきます。
・**第三ステップ**……サイクルタイムでモノをつくる作業への改善や工数低減のための現場改善を行います。全体の流れの中での個々の立場と役割が理解できる仕組みづくりを目指します。受注から出荷までの工場の流れ、トータルの改善を原価低減へ結びつけていく連番管理化を行います。さらに内製化の推進です。
・**第四ステップ**……営業・工場を含めた平準化生産実現を目指します。経営全体の仕組みを受注―生産―納品―代金回収〈A＋B＋C〉という一貫した流れにし、生産品目、生産拠点の改善という企業グループ全体にわたる改善を指導していきます。

✔ 改善はただちに見えてくる

ＮＰＳ研究会に入る前と入った後で、会社はどのように変化するのだろうかということがしばしば問われますが、中にいる者にとって、自分の会社がどのように変わったのかは、意外と分からないものです。例えば古い話ですが、ＮＰＳ研究会に入会する以前の日本軽金属には棚卸資産が８００億円くらいありました。それがＮＰＳ活動を推進することによって、アッという間に２００億円ほどに縮小したのです。

ところが、日本軽金属の人たちはそれにほとんど気付きませんでした。その後、周囲の会員会社からそのことを教えられ、「自分たちは結構すごいことをやった」と知ったのだそうです。当時、大赤字を続けていた日本軽金属は、その後、利益を出すようになり復配にまでこぎつけました。現在では日本を代表する優良企業となっています。

また、システム・キッチンのメーカーとして知られるクリナップは、かつて40日かけてつくっていた製品を今では４時間以内でつくることができるようになり、日本全国に50カ所近くあった物流倉庫が１カ所になっています。

「長崎ちゃんぽん」で有名なリンガーハットは、自社でつくった内製化機械による「モノづくり」に徹し、店舗のキッチンのコンパクト化に成功し、美味しい「ちゃんぽん」「皿うどん」「ギョーザ」を国産野菜と材料を使用して提供しています。

これと同じような大小様々な成果が、ＮＰＳ研究会の他の会員各社でも見られます。

改善を受けた会社はどのくらいの期間で改善が見えるようになるのかと言いますと、実践委員が入ったその日から変化が現れます。ゴチャゴチャしていた工場スペースが一挙に広くなるとか空になるとか、人手が大きく浮くなどの効果は、即日その場で見えてきます。しかし、私たちから見て、幼稚園クラスの改善レベルの企業が、小学1年生くらいの能力を身につけるには、早くても1年くらいはかかります。NPS活動に取り組むと、結果として仕掛りが減り、在庫が減り、しかも売掛け期間が短縮していきますから、キャッシュフローに余裕が生じ、経営の自由度が上がります。無理をして売るから代金が取れないのであって、売れる分だけつくっていれば、値引きして売る必要もなくなる訳です。

コラム❸　「運」の話

知力を磨くと共に体力の維持に努め、気力を養い、何よりも持って生まれた「運気」を最大に高め、生きている限り使い切ることが実に大切です。

自らの「運」を信じることから始めるのは、決してムダではありません。「運」の強弱の理由はわかりませんが、今日生きているという事実を考えれば、神の御業《みわざ》か、ご先祖様のお陰以外には説明がつきません。これは割り切って「自分は運が良いのだ」と言い聞かせて、今を生きることが大切であり、その結果を後から見てどうだったかの話を気にしていては、何の道も開けません。

人財を求めようとする人は求める努力を、登用されたいと思う人は人目にとまるように努力をしなくてはいけません。何事も自分の力を発揮することができる機会を得ることが肝要です。

Ⅳ

「人間尊重」のヒトづくり

✓ 毛利元就の「三本の矢」

ＮＰＳ研究会の運営母体であるＭＩＰは、コンサルティング会社ではありません。指導員たる実践委員と会員各社の改善担当者の全員が共通の「志」を持って、企業現場の「診断」だけでなく、経営効率向上のために一丸となって「治療」も施します。これがＮＰＳ研究会の最大の特徴・長所です。

ＮＰＳの思想に共鳴し、それぞれの業界から選抜された同志的企業が会員となり、互いに経営効率向上のための「意見交換」や「情報交換」を行いながら、研究活動・改善活動を推進し続けることを目的として、「自主研究会」という形で組織化されました。

その任意団体である「自主研究会」も参加会社が増え、その中の11社の共同出資によってＭＩＰが設立され、運営業務を統括することになったのです。会費の金額は、各社の事業規模、従業員数、業績、その他の事情などを考慮した上で、ＭＩＰ代表取締役と会員各社の理事との合意で、それぞれ定めています。

そして大切な点ですが、会費、つまり「治療費」の多寡によって、その「治療方法」が変わったりする訳では、もちろんないということです。どんなに高い金額を支払っても治癒できない難病はありますし、少額で処方される薬で完治することもあります。ましてやこれだけ払うのだから、これくらいまで治して欲しいというような虫のいいことなどできません。

「治りたい」「良くなりたい」という真摯で謙虚な「気持ち」があってこそ、治癒される、つまり結果が出るということです。やはりＮＰＳ活動というものは、「自分でやるもの」であるという真理に最終的には行き着きます。

「治療費を払っているのに治らない、治さないのはけしからん」とか「この治療費に見合った医師を寄越さないのはおかしい」といった類の声が、NPS研究会の一部から聞こえてきたこともかつてあります。

では、そもそも「研究会」とは何でしょうか。そこに集う人々が自らの意志で入会し、研究会を維持するために費用を負担し合い、仲間同士が助け合うことに意義があります。さらには教える側も教えられる側も、互いに謙虚に良いところを学び合い、成長する手助けをし合うところに価値が見出されます。

「教える」者は教えながら、「教えられる」者から「教える」こと、また「教えられる」者は教えられながら、「教える」者から「教えられる」こと、つまり客観的な見地と先に進む者の立場から、未知の事柄や事象を「学習」することができるメリットがあります。

30年以上前、NPSの思想を後世の日本に伝えようと志してNPS研究会が設立された時、会員間における複合的なつながりと助け合いの絆を持った「仕組みづくり」

に力が注がれました。有名な毛利元就の「三本の矢」の故事ではありませんが、小さな会社でも大きな会社でも、「経営効率向上」というNPS研究会の共通目標に向かって、改善活動を支えるために「三本の矢」であれば、NPS推進活動を大いに盛り立てることができ、なおかつ容易なことでは崩れることがないであろうという狙いです。

NPS研究会における「三本の矢」とは、理事・幹事・実践リーダーのNPS三役を指します。理事には経営全体を総覧して、会社の指針たる「志」と中長期計画を示す役割、幹事は中長期計画にもとづいて経営戦略を策定し、経営幹部として改善の実践活動を監督し、全社運動として展開する責任者としての役割、そして実践リーダーには計画にもとづいた戦略に従い、実践活動の指揮を現場で執るという役割がありま す。

いかに現場の改善力がアップしようとも、経営がしっかりしていなければ、改善などすぐに元の木阿弥となります。その意味で、経営者たる理事の苦労は大変なものでしょう。またトップの意向を受けて業務を統括し、執行する幹事の立場は、理事の補佐役としても神経を使う仕事です。そして実践リーダーは現場改善の指揮をして日々の実務に取り組む苦労は察するにあまりあります。

会員各社の理事には、年2回の理事会の際に、NPS研究会全体の方向性について知恵を出し合い、さまざまな経営情報の交換を行ってもらっています。

また各社での月例研究指導会、年10回程度のNPS巡回研究会、そして年2回のNPS標準作業トレーナー教育（以下「トレーナー教育」）も開催しています。文明社会がいかに発展しても、米の収穫は日本では1年に2回の「二毛作」がせいぜいで、絶対に1日2回にはなりません。それと同じで、人財を育てるのには時間と手間がかかるものです。エキスパートを育成するには、人事をコロコロ変えるのでなく、なるべく長く同じ任務に従事させることが最も肝要で、そのためにはトップや経営幹部には忍耐が必要です。

一方、指導する実践委員も担当会社をよく知り、人間関係を構築しながら、しっかりと指導先の懐奥深くまで入り込んでこそ、結果が出せるものです。実践委員としてプロの域に達するには、本人の意志と努力、優れた環境と運、数多くの経験、そして何よりもNPS三役からの信頼と支援と協力が必要です。

とりわけ理事には、若い実践委員を育て上げる「気概」と「度量」が期待される一方、実践委員には幹事と実践リーダーを辛抱強く教え導くことが必要です。そのためには短期間の付き合いでは話になりません。互いに信頼関係を醸成し、大きな成果を上げるべく、時間と忍耐をかけることを避けることはできないものです。

✓ 「自助・自立・自戒」の精神

「日本は無資源国なので、あるものは人間の頭脳だけだ」と2010(平成22)年にノーベル化学賞を受賞された鈴木章教授がインタビューで語っておられましたが、まさに至言です。

頭脳明晰で優秀な人間であれば、学者として世界的に評価をされる研究業績を上げることができますが、そうでない大勢の日本人は、皆で力を合わせて知恵と汗を出して、世界の人々が驚嘆、賞賛する「加工製品」を生み出すことしか、その存在を示し、生き残っていく術《すべ》はありません。

私たちNPS研究会にとって、また日本人にとって最も必要なことは、「自助・自立・自戒」の精神ではないかということです。

自助とは「自らを助けようとする精神」のことです。英国の作家で医師でもあったサミュエル・スマイルズ（1812～1904）は著名な『自助論』の中で、「自分で自分を助けようとする精神こそ、その人間をいつまでも励まし、元気付ける」との名言を残し、「目標を目指して一生懸命に努力し、自尊心と共に他人を尊重し、人格を高めていく必要がある」と説いています。

要は何事も貫徹するには自分自身を励まし、助けられるのは自分だけということですが、これは何も他人の力や知恵に一切頼るなと言っている訳ではなく、最後の最後は自分でやらなければダメだということです。まさにNPS活動について言い得て妙なる言葉であります。

これにつながるのが「自立」ですが、社会という人の集まりの中で生きる個人、法人という組織が依存し合う共同体の中において、自らを律して他人との好距離を保ち、互いに尊重し合いながら自己意識を確立し、「甘え」を徹底的に排除しながら、自分が何で勝負できるかというスキルを磨くことにあります。

企業間競争が激しさを増す一方の経済環境の中において、NPS研究会の会員各社はこれまで以上に厳しい実践活動を行わねば勝ち残ることはできません。「馴れ合い」と「甘え」こそが会員各社を蝕み、いずれはNPS研究会全体がダメージを受けることになります。

実践委員が会員各社での指導会で、迎合して手加減をしたり、緩めたりすれば、確かにその場は楽ですが、それはツケを先送りしているだけであり、改善成果は出ることなく、活動に関わるすべての者が大きなしっぺ返しを食らうのは必定です。

確かに、自らを律することはかなり大変です。この世に生を受けた者として、生涯にわたって自らを戒めるという心掛けを持続することは非常に困難で大変なことです。苦難や逆境にあっても、至福と順境にあっても、「自助・自立・自戒」の精神は、個人にとっても法人たる企業にとっても等しく同じであり、これを支え続ける要素は唯一、「氣」を養い高め続けていくことだけです。

✓ 守りではなく「常に創業し続けるべし」

「創業は易く守成は難し」という広く知られた名言は、中国歴代皇帝の中でも屈指の名君の一人である唐の太宗皇帝（５９８〜６４９）が、臣下に「創業と守成はどちらが難しいか」と下問した際、宰相の魏微が答えた言葉だと言われています。その出典は『貞観政要』です。

太宗が群臣と政治を論じた内容を編纂した書物として、日本でも古くから知られている本です。徳川家康もこれを愛読し、施政の参考にしたそうですが、１５００年近くも尊ばれた至言だけに、その重みには計り知れないものがあります。一般的にはこの名言は、「新たに事業を興すことよりも、その事業を維持し発展させるほうがさらに難しい」という意味に解釈され、現代の多くの経営者にも親しまれています。しかし、本当に「守成」は「創業」より難しいのでしょうか。

「創業」と「守成」を比較して、両者に「難易度の甲乙」をつけることはなかなかできませんが、会員各社を含めて数多くの企業の盛衰を目撃してきた経験から、「創業」であれ、「守成」であれ、共に難しいことに変わりはないというのが実感です。

その上でこの名言を改めて吟味してみれば、太宗は創業の艱苦を共に舐めた功臣の「創業の時のほうが平和の治世より大変だった」とする発言は、「創業期に果たした功績」については十分に認めながらも、「天下の定まった現在、日々の統治の難しさに対処することのほうがやはり難しい」として、「過去は過去、現在は現在」と明確に一線を画して、今後の難局に対しては常に緊張感をもって当たるという現実的な判断で姿勢を示したという史実でしょう。決して「創業」は「守成」より簡単であると創業の苦労を否定している訳ではないことに気付き、得心をしたことがあります。

発足から30年以上が経過したＮＰＳ研究会も、一般的には「守成」の時代にあると見るべきかもしれません。「創業」という言葉の持つ積極的なイメージに対し、「守成」にはどうしても保守的な響きがつきまといます。企業も人間も「守り」に入ってはダメです。人間は「守り」に入れば、私心だけが膨れ、優れた他人や後輩を認め、評価する度量も小さくなり、やがては気宇壮大であった心も狭くなり、若き日に抱いた夢と共に萎んでいくものです。

常に「攻め」の姿勢がなくては、新たなことに挑戦する気合いも緊張感も失せ、そんな人間には成長を望むことはできません。ましてや人間が構成する企業や集団もまったく同じです。この「攻め」という言葉は、経済用語的には「革新」「イノベーション」と言い換えればわかりやすいでしょう。

本質的な意味で企業経営や技術、価値における「創造と革新」の重要性を提唱したのは、ヨーゼフ・シュンペーター（１７８８～１８６０）とピーター・ドラッカー（１９０９～２００５）ですが、ドラッカー自身もこの「創造」という言葉に「創業」「起業」という意味を含めて、そのスピリット（ドラッカー本の訳語では「精神」とされていますが「氣」「気概」もしくは「志」）の重要性を幾度となく指摘しています。

確かに「守成」は難しいことですが、よく噛み砕いて理解しておきたいポイントは、企業の社会における位置付けや社内における自分の地位を含め、私心にかられて「守りに入る」のではなく、「志」を高く持って「気概」に満ち溢れて「守り成る」べきだということです。

この「成る」ということは「成り遂げる」また「成り上がる」こと、現在置かれている場所やレベルより一段、「ワンランク・アップ」すること、質や内容を上げることと解釈しています。つまり、企業人にとって「守成」とは「同じブランドを守るべく、新たに創業してワンランク・アップせよ」という意味に解釈しています。

✓ 破壊し創造して「ワンランク・アップ」を図れ

創業者から事業継承をした二世経営者や三世経営者、優れた企業経営者の後任に選ばれた経営者のすべてを含めて、企業は代替わりをしたら、新社長はその会社で「新たに創業」をしなくてはいけません。外見は同じ名前の会社、ブランドを擁していても、中身はゼロから変えていく、改めてつくり直すことができるか否かが、その企業の発展と成功、すべての命運を左右するものです。これには創業以上の苦労がともなうでしょう。

変えていくということは、先人の功績を否定し、破壊することに見えるかもしれません。しかし、古いビルを建て直す際、修築や増築では限界があり、やはり一度は更地に戻す英断が必要で、その同じ地に新しく建築することによってこそ、新しい空間に生まれ変わらせることができます。先人は先人のやり方で、その後を継いだ者は自身のやり方でするべきで、先人はそれを見守る心と姿勢も大切でしょう。

20年先、30年先にも「モノづくり」の経営思想を日本に残す集団として発展していくためには、「NPS」のコア思想以外はすべて捨て、破壊して新たに創造する必要があるでしょう。それが、「ワンランク・アップ」をしていくものだと確信しています。

「創業の原点に回帰する」という言葉の真髄は、まさにゼロからやり直すということです。

ＮＰＳ研究会という集団とＮＰＳの経営思想を未来永劫に伝え続けていくためには、常に創業し続けていくことが最も重要です。変化を恐れ、守りに入ることなく、率先垂範で攻めに打って出る気概で、自社と研究会においてベクトルを合わせて盛り上げていくことが肝要です。

「自らのための行いは死と共に消え去るが、他人や世界のための行いは永遠に生き続ける」という言葉（19世紀のアメリカ南軍司令官アルバート・パイクの言葉）は、「第二の創業期」を経て「第二ステージ」にあるＮＰＳ研究会の指針となっています。

✓ 改善関係者は「縁の下の力持ち」に徹せよ

ＮＰＳという改善活動を推進して30年以上が経過し、振り返ってみれば、反省と改善の繰り返しと積み重ねの歴史です。次の30年を眺望すれば、これと同じことが「第二ステージ」でも繰り返されるでしょう。さまざまな出来事が起きながらもそれを皆で乗り越えて、個々の成長と共に、より良き集団として発展し続けていかねばなりません。

将来、ＮＰＳ研究会が発展し、外観や様相も変わっていくことがあるかもしれませんが、研究会自体の基盤、そして底辺を流れる潮流の質と勢いは変わらずに永続を目指しています。

現在、ＮＰＳ研究会の内部で、改善関係者に喚起を促して強調されていることは、ＮＰＳ活動の推進者たる者は、常に謙虚で身を律し、「縁の下の力持ち」に徹すべしということです。それが、ＮＰＳ活動における基本姿勢の根底にある不変の潮流であり、「ＤＮＡ」です。

例えば、指導員たる実践委員が横柄な態度で「先生」呼ばわりされて、指導先の会社を闊歩するとか、会員各社における改善部門に所属する者が、率先垂範で改善活動を推進して大きな成果を得た後、その成果に慢心し、胡座をかき、やがて社内において肩で風を切るようなことがあってはいけないということです。

また、「ＮＰＳ」とか「改善」ということを金科玉条のように大上段に掲げて、社内の他部門や仲間を圧するような態度や言動を慎むことはもちろん、自分たちの改善によって会社が良くなり、仲間の喜ぶ顔を見て、それを最大の成果と誇りとするところに、私たちＮＰＳ改善活動に従事する者の矜持があります。

社会的公器である「企業」という共同体において、それを支える一人ひとりが、他の一人ひとりのために努力する「改善活動」というものは、皆でその会社をより良くする手段・方法であります。その活動成果は常に自分以外の他の者に帰するものです。

実践委員の貢献は当該会社の幹事や実践リーダー、改善従事者の手柄となるべきで、幹事や実践リーダーたちの貢献は協力してくれた工場や製造ラインの仲間たちの手柄に帰すべきものであります。そして工場の人々が良い製品をつくり、顧客に喜ばれたならば、それは会社の評価が上がることに皆が満足すればよいし、その結果、会員たる当該会社が良くなれば、ＮＰＳ研究会全体にとって喜ばしいことです。

✓ リーダーたる者の資格

「オーラ」という言葉がありますが、まさに「氣」のことです。前向きに取り組んでいこうという真摯な姿勢、つまり「やる〝氣〟」と「本気」さが身体から溢れ出て、空気を伝わって他人を揺り動かすエネルギー、また外部から見え感じることができるほどの強い「想念」を指すのだというのが木下幹彌の持論です。

現在の日本の各分野におけるリーダーには、満ち溢れるほどの「気概」を持ち合わせる最も重要な要素が欠けているように見受けられます。確かに「活気」に溢れる成長の時代が終わって久しく、次のステージへの道を暗中模索するまま時間ばかりが経ち、沈滞の中に長くいれば、活力が失われるのは当然です。

しかし、現代の日本社会では、単に「元気」がないというだけでなく、「志」と「氣」を兼ね備えていなければ、リーダーたる任が務まらないということ、またそもそもその資格がないということが忘れられているのではないでしょうか。昨今の日本の政治状況を見れば、まさに一目瞭然です。

経営効率向上を目的とした「改善」の場で多用されてきた「意識の改革」「魂の改革」「精神の改革」といった言葉は、すべて同じ事象を指しています。これらはすべて「氣の改革」のことです。個人の「やる〝氣〟」が集まれば、企業全体の「運〝氣〟」も高まります。意志を共通にして、「氣」を共有して、改善に取り組むことが、NPSの経営思想の最も基本的にして、かつこれからも新しい切り口となることに微塵の疑いもありません。

NPS研究会全体で「氣」をひとつにして、指導員たる実践委員と会員各社が改善活動に一層の努力をし、皆で高まった「氣」をぶつけ合い、一緒になって成長すること、つまりNPS研究会全体を「氣」の集合体として、胸躍るような改革のエネルギーを持って、この集団が日本のメーカーの先鋒、牽引車たるよう経営をしてほしいと会員各社には常に要請しています。NPS研究会は個人プレーでなく、個々の努力が積み重なった「集合体」としての総合力を創設以来重視しています。

✓ NPS標準作業トレーナー教育の意義について（NPS流ヒトづくり）

ＮＰＳ活動の究極的な目的は、「モノづくり」の思想を日本の未来に残すための「ヒトづくり」です。１９８１年８月に紀文食品・静岡工場で第１回を開催したＮＰＳ標準作業トレーナー教育（以下「トレーナー教育」）は毎年春秋の２回、会員各社の精鋭を集めて行われ続けていますが、現在まで累計１６００名の修講者である「ＮＰＳトレーナー」を世に送り出しています。この「ＮＰＳトレーナー」はＮＰＳ研究会の財産であり、日本の「モノづくり」の分野における財産ともなり得るとＮＰＳ研究会では自負しています。

人は誰しも秘めた能力を持っているものです。それを見抜いて磨いて育てるのが経営者の重要な仕事の一つです。もし社内を見渡して「ウチには人財がいない」とか「若い社員に使える者がいない」ということを言う経営者がいるとすれば、それはまさにその会社が、人間を育て訓練することを蔑《ないがし》ろにしているという証左です。人財は待っているだけで、どこからか生まれ出てきたり、湧いてきたりとするものではありません。今、そこに居る「人材」を優れた「人財」に変えることこそが、経営者の大きな役割です。

その極めて重要な一助としてNPS研究会では、会員各社のため、ひいては研究会全体、後世の日本のために「トレーナー教育」に最も力を傾けています。「トレーナー教育」は、異業種に属し、異なる価値観を持つ者たちが同じ「志」のもとで一堂に集い、NPS研究会が掲げる「人間尊重」という不変の基本理念に沿って「従業員一人ひとりの大切な時間をムダにさせないこと」、限られた時間を大切にし「誇りをもって仕事に携われること」のできる企業風土をつくり上げるため、「モノづくり」の本質を追究して学び合う研修として、30年前から独自のプログラムで地道に行っています。

東洋経済新報社で編集局長、取締役として長くご活躍なさった後、大学教授も務められ、NPS研究会が発行する月刊会員誌「THE NPS NEWS」の理事インタビューを担当して下さっている篠原勲氏から、「大学は人間教育の場ではなくなった」という話を聞いた時、木下幹彌は耳を疑ったほどの衝撃を覚えたそうです。

その時に痛感せざるを得なかったことは、やはり企業の職場が「人財育成の場」であるという現実です。「即戦力の人財が欲しい」と望むのはどの企業も同じですが、そんなものはこの世の中に、正確に言えば、日本には少なくともそんなものは存在しません。幻想とイメージが先行するおとぎ話の世界の絵空事と同じです。

人財育成のためには何よりも「人財育成の仕組み」の確立が先決です。自助努力による「仕組み」づくりなしに、ただ単に「即戦力の人財」を望むのは、少しばかり虫のいい話ではないでしょうか。

日本の社会には古来より「育てる」文化があり、ビジネスの世界でもそれを踏襲しています。アメリカの社会では元々、リーダーをとってくる、呼んでくる、即ち「スカウトする」文化がありますので、所謂「プロ経営者」が活躍することができる土壌と仕組みがあります。これを安易に日本が真似をしてもなかなかうまくいかないのは、民族性の違いや社会の仕組みに違いがある点をよく理解する必要があります。実際のところ「プロ経営者」と持ち上げる日本のマスコミ自体にも問題があるでしょう。経営者は誰しも皆、プロです。「プロでない経営者」など、実は世の中に存在してはなりません。

「トレーナー教育」では、「企業全体の工程スルーで見て、より高い目標を常に掲げて、改善活動をリードできる人財」の育成を目的としています。「トレーナー教育」を修講した「NPSトレーナー」は、次の8の特質を備えた人財であると定義しています。

①大局的な見地から仕事の全てを流れでつかんで経営的判断ができる
②巧遅より拙速で対処し、何事も直ぐに着手し、直ぐに誤りを修正することができる
③率先垂範を旨として、部下に命じる仕事や任務はまずやって見せることができる
④目的を明確に持って目標達成のため、全力を尽くすことができる
⑤意識を持って使命感と責任感を備えて仕事に取り組むことができる

⑥時々刻々の変化に対して果敢にチャレンジすることができる
⑦決められたことをきっちりとできるだけでなく、当たり前のことを当たり前にできる
⑧信念を持ってブレず、途中で投げ出さず最後までやり抜くことができる

「NPSトレーナー」の最も重要な任務は、研修中に学んだNPS思想の「魂」と「氣」を持って技能を自社に持ち帰り、伝達講習を通じて社内展開を行い、「改善仲間」を増やすことです。これを通じて各社の経営に寄与する人財となることを心掛けることです。もし「NPSトレーナー」が各社の改善活動の中心となり、NPS研究会の実践リーダーとなり、その中から幹事や理事が生まれることになれば、会員各社のみならず研究会にとって、ひいては日本の「モノづくり」のためになるとも確信していきます。

「トレーナー教育」は参集する者たちが「知識」を学びに来ているのでなく、「意識」の改革に来ている場と位置付けています。学校を出て、会社に入って定年まで過ごす

一生のうちで、自分の「意識」を変革するチャンスは何度も巡ってくるものではありません。「トレーナー教育」の特徴は、

・NPSの原理・原則を中心に「考え方」「改善の進め方」「現場の見方」を座学と実習で学ぶことができる
・異業種や異なった価値観の人が集まる「グループ研修」で「モノづくり」の本質を一緒に知恵を出して互いに切磋琢磨することができる

この2点ですが、「トレーナー教育」は改善のテクニックや知識を習得するのではなく、参加した個人が自分自身の人生を変える程の「意識」改革を行い、修講して自分の会社へ戻ってから、使命感を持って職務に励み、その結果において「会社」を変える、「社会」を変える、そして「日本全体」を変えて行く程の大きな気概を涵養する場と位置付けています。

「トレーナー教育」を修講して会社へ戻った新しい「NPSトレーナー」が、「あいつ変わったな」と職場の仲間から認められれば、「トレーナー教育」受講が意味あるものであった証拠であると考えています。

「知るだけでは不十分である。活用しなければならない意志だけでも不十分である。

実行しなければならない」

とフランス皇帝ナポレオン・ボナパルト（1769〜1821）は言っています。

世の中で最も重要な真理の一つは、「氣」と「氣」のぶつかり合いによって人間は成長するということです。「氣」を持って仕事をするということは、つまり「意識」を持って仕事をするということ、「意識」を持って経営すること、「意識」を持ってラインづくりをすること、「意識」を持って開発設計するということです。毎日九時から五時まで、あるいは残業で夜まで漫然と働いて、定年になったら「ハイ、サイナラ」という人生とは全く違います。

「この会社をここまで大きくしたのは自分だ」

「あのラインをつくったのはオレだ」

「あのヒットした製品を設計したのは私だ」

と後から胸を張って言えることが、「足跡《あしあと》」を残す人生です。

「トレーナー教育」を通じ、「意識変革」を成し遂げた「NPSトレーナー」が自社に戻り、素晴らしい成果を挙げ、自分の会社を良くし、日本の経済全体へ寄与する程の力を蓄えれば、これこそがNPS研究会の「足跡」であり「証《あかし》」となります。

会員各社の社長であるNPS研究会の理事は、各社において次世代のリーダーとなり得る有為な人物を選抜して推挙し、「トレーナー教育」へ送り出して下さっていますが、一番肝心なのは「トレーナー教育」を修講して「意識」ある優れた人財として戻って来た者を如何にして社内で登用し、活用し、そして育成し続けていくかです。

社員を送り出す会員会社側にとっても、時間と費用をかけてNPS研究会へ託すことになる訳ですが、それを受け入れる側のNPS研究会の運営母体であるMIPにとっても、人財育成には会員各社同様に教育を施す費用について、相当の投資をすることになります。何よりも限られた定員の中でそのチャンスを与える訳ですから、それに相応しい候補者を選抜しなければ、双方にとってマイナスとなるばかりか、結果的には他の会員会社や有為ある人財に迷惑をかけてしまうということになりかねません。

「瑠璃も玻璃も照らせば光る」

という諺がありますが、これは、モノは違っても優れた才能と素質を持つ者は光を当てれば、どちらも同じように光り輝く、即ち機会を与えれば、その真価を発揮するという意味です。

例え今は粗削りの原石であっても構いませんが、各社の理事にはそうした「瑠璃《るり》（青色のガラス）」あるいは「玻璃《はり》（水晶）」のような人物をしっかりと選別し、NPS研究会の諸活動に送り出してもらうよう何度となく要望しています。それこそが、30年先にもNPS研究会という集団が発展するための最も重要な基本要件であり、結果としては各社の発展にも直結するということになります。

「瑠璃も玻璃も照らせば光る」という諺の一方では、「玉琢《みが》かざれば器を成さず」、または「玉磨かざれば光なし」という言葉もあります。

これはどんな玉でも原石のままでは美しい光を放つこともなく、目立たないで埋もれてしまうという意味ですが、人間も同様で、どんなに優れた素質や天賦の才があっても、学問や修行に励んで練磨されなければ、世に役立つ立派な人物、つまり会社の役に立つ人財には育たないということです。尤《もっと》も単なるガラス玉のような「まがいモノ」は、いくら磨いても傷がつくだけで、ここ一番という時に役にも立たなければ、頼りにもならないことは、皆さんもよくご承知でしょう。

NPS研究会に属している私たちは、本物を見極める目を養い、真剣勝負で臨まなくてはなりません。鎌倉時代初期の禅僧で曹洞宗の開祖である道元の『正法眼蔵聞記』には、

「玉は琢磨により器となる　人は練磨により仁となる」

とあります。世の中のスピードが加速し、情報が瞬時に世界中を駆け巡る時代であっ

ても、「ヒトづくり」だけは農業と同じで、一朝一夕でできるものではありません。いくら品種改良や土壌改良を行って収穫のスピードアップを図ろうとしても、良質の人財育成はせいぜい「二毛作」が限度です。ここの点を日本の経営者は、しっかりと認識しなくてはならないでしょう。

「磨けば光る原石」と人財育成の場に送り出し、社内における「改善活動」の場に登用することが肝要です。ロバは旅に出かけたとしても馬になって帰ってくる訳ではなく、「駿馬」でなければ「優駿」たりえません。NPS研究会は自分たちが「優駿の集団」たることが、後世の日本のためになると固く信じて活動を続けています。

「人財不足」は永遠の課題で、今いる人間を人財に変えなくてはいけません。

一部の大企業を除いて、「効果的かつ実践的な」人財教育を施す力も余裕もないのが一般の企業の実態です。その点、私たちNPS研究会は、原則一業種一社から構成される業際集団ならではの異業種交流を背景とした「ヒトづくり」のための「仕組みと場」が用意されており、1社単体だけではできない人財トレーニングを可能とする

「ノウハウ」と「メソッド」があります。

だからこそ、私たちはその利点を最大限に活かし、NPS研究会が掲げる「人間尊重」という不変の基本理念に沿って「従業員一人ひとりの大切な時間をムダにさせない」こと、限られた時間を大切にし「誇りを持って仕事に携われる」ことのできる企業風土をつくり上げ、それを未来永劫、後世の日本に残し続ける責務があると考えています。

「モノづくり」は「ヒトづくり」であることに、多くの経営者が気付いています。しかしながら優れた人財の育成は、経営者ならば誰もが悩み、試行錯誤を続けている経営上の最も難しく、且つ最大の命題となっています。

製造業だけでなくあらゆるビジネスの世界はもちろんのこと、政治や学問、芸術の世界でも同じでしょう。

これからの時代において、一体どんな「ヒト」を育成すれば良いかと考えた時、NPS研究会が推進する「ヒトづくり」にその答えはあると私たちは確信しています。

コラム❹　〝モノのふ〟が持つべき意識とは

ＮＰＳ研究会では、〝モノのふ〟づくりを目指しています。

〝モノのふ〟とは、日本古来の価値観に基づいた武士道精神とともにリーダーの資質を兼ね備えた人のことです。

〝モノのふ〟たる者は、あふれるばかりの「意識」を持たなければなりません。

「意識」とはマインド、つまり「心」「精神」です。「意識」には「顕在意識」と「潜在意識」があります。「海に浮かんだ氷山の水面に突き出ている部分が『顕在意識』で、水面下に隠れている90％以上の部分に相当するのが、『潜在意識』であり、これを人生の成功のために活用しなくてはならない」と言われています。

「顕在意識」と「潜在意識」の両方を自分自身で変えることにより、人は大きな力を発揮できるようになります。

人間が構成する会社や職場は、さまざまな意識の集合体です。ですから、自分の意識を変えることで職場の仲間も変わり、感化させることができます。自分自身を変えることによって、会社組織や企業文化の全体を変えることができるのです。

素晴らしい「意識」というエネルギーを、〝モノのふ〟たる者は、しっかりと持つことが肝要です。

ＮＰＳ研究会では一人でも多くの〝モノのふ〟づくりによって、「モノづくり」を後生の日本に伝えたいと願っています。

おわりに―NPS研究会の「第二ステージ」における方向性・使命・責務―

「原則一業種一社」の「製造業」で形成される同志的「業際集団」であるNPS研究会は、創設から35年を経て現在でも「モノづくり」の経営思想と優れた製造業を後世の日本に残すべく、地道に前向きに進化・向上・発展を目指して活動を続けています。

NPS研究会の会員各社は、各業界における同業他社との差異化を実現するべく、「経営効率向上」と「人財育成」に強力に取り組み、業績を向上させています。厳しさと激しさを増す一方のグローバル経済の中、NPS活動を経営の柱として強力に推進することにより、今日まで強い競争力を維持し、世界で活躍する企業も多く存在しています。

NPS活動は単なる製造現場だけでなく、企業経営トータルの弛《たゆ》まない業務改善活動です。改善活動はトヨタ自動車において、今から50年以上前に始まりました。

トヨタ生産方式はNPSの源流です。

トヨタ生産方式の創始者である大野耐一氏は、1990年にお亡くなりになるまでNPS研究会の最高顧問を務められ、自動車以外の製造業分野への展開に熱心に取り組まれました。

トヨタ自動車グループ以外で、しかも異業種からなる集団において、私たちNPS研究会は大野耐一氏の〝改善魂〟とDNAとを受け継ぐ、正当なる伝承者であると自負しています。

企業一社だけではトヨタ自動車と同じ規模での改善活動は行えませんが、NPS研究会の会員各社全ての人々を合わせれば、大きな舞台をつくることができます。そしてトヨタ自動車で目指そうとしている方向性、製造業としての緊張感と危機感についても、同じDNAを共有しているNPS研究会との違いは全くありません。その段階と舞台、タイミングがそれぞれ違うだけであると考えています。

トヨタ自動車における改善活動は大野耐一氏の亡き後も目覚ましく進化・深化を続けており、NPS研究会もそれに遅れまいと常に努力を怠らず、力を尽くしてきています。

トヨタ自動車を外から見る応援団の一員として私たちNPS研究会は、トヨタ自動車のDNAの中には、「大野耐一氏の教え」と、トヨタ自動車ならではの「危機感」という情報が刻み込まれているのではないかと見ています。

1970年代のオイルショックの時、大野耐一氏は、

「高度成長時代はどんなつくり方をしても利益が出た。これからは本当に強い生産方式だけが生き残る。その為にこれまで努力をしてきた。真価が問われるのはこれからだ」

と言われたそうです。それから40年以上も経つ現在でも、この言葉は全く古くなっていません。恐らくこれらからの40年後も同じでしょう。弊社会長の木下幹彌が、

「トヨタ生産方式は古くて新しい経営思想であり、これに並ぶものは日本になし」

と指摘している通りです。トヨタ自動車が持つ「危機感」については昔、

「トヨタ自動車はどうして危機をうまく切り抜けることができるのか」

という問いに対して、当時の社長・豊田英二氏は、「トヨタ自動は毎日が非常時だ、そういうつもりで仕事をしている。問題があれば素早く手を打つ、背水の陣で、真剣勝負で、日常からきっちりとやってきている」と答えられたと、NPS研究会・第二代最高顧問である池渕浩介・トヨタ自動車相談役（元・副会長）から伺いました。これはまさに「常在戦場」の覚悟です。「豊田英二氏の仕事への姿勢」と「大野耐一氏の教え」が現場に脈々と受け継がれている思想が現場に基盤としてあることこそ、トヨタ自動車の強さの秘密ではないでしょうか。

些《いささ》か傲慢な響きがあるもしれませんが、誤解を恐れず敢えて申し上げれば、自分たちの活動意義と役割を考える時、トヨタ自動車という国家的規模の大きな集団の改善活動に対してNPS研究会は、「不滅の法灯」を分灯された者たることを強く意識しています。

本家に対する分家筋として、私たちだからこそできるやり方で大野耐一氏の〝改善魂〟を未来永劫伝えることが、後世の日本製造業への責務であると考えています。

「不滅の法灯」とは、伝教大師最澄によって比叡山が延暦7（788）年に開山された時、本堂・根本中堂に灯された火が今日まで1200年にわたって一度も消えることなく、薬師如来の宝前を照らし続けています。

実は元亀2（1571）年に、織田信長によって延暦寺が焼き討ちされた際、この法灯の火も消えてしまったそうです。

しかし、それ以前にその「法灯」の火は、京都から遠く出羽国宝珠山立石寺（860年に最澄の弟子である円仁、後の慈覚大師が開山、天台宗、松尾芭蕉の「閑《しずけ》さや岩にしみ入る蝉の声」で有名な通称「山寺」）が清和天皇の勅願によって開かれた際、比叡山より「不滅の法灯」が分灯されました。

この分灯された火は、大永元（1521）年に地元の土豪・天童頼長によって立石寺が攻められた折、寺と共に消失してしまいましたが、天文12（1543）年にも立石寺が再建された際、最上義守（最上義光と義姫の父、義姫の息子は伊達政宗）の母の請願によって、改めて延暦寺より「法灯」の火が再び分灯されました。そしてその火が、今度は再建された延暦寺に改めて分灯されて今日まで、伝教大師が灯した延暦寺の「不滅の法灯」が続いています。

NPS研究会はトヨタ自動車から一方的に学ぶだけでなく、起こり得るとは予想されませんが、トヨタ自動車において万が一の時には、NPS研究会が伝え続ける大野耐一氏の〝改善魂〟の『火』をこの延暦寺の分灯と同じく、お返しをしなくてはならない時が来るかもしれません。

そういった「心構え」で努力すること、いつでも受けて立てる「気構え」を持つこと、その日まで〝改善魂〟の『火』を守り伝え続けなければならない責任が、私たちNPS研究会にはあると覚悟を新たにしています。

そして、これこそが日本製造業を守り、「モノづくり」の経営思想と優れた製造業を後世の日本にNPS研究会が残すことができるのではないかと考えています。

NPS研究会は「謙虚で、真面目に、ベクトルを合わせて」一丸となって改善活動に研究会全体で取り組み、「モノづくり」を進化・深化させ、日本製造業の歴史に「足跡」を残すべく「心掛け」て精進すること、それこそがＮＰＳ研究会ならではの強いベクトル、方向性です。

その為には常に奢ることなく、自らに厳しく、「油断大敵」を旨としなくてはなりません。

油断とは、菜種油で燃えている「不滅の法灯」の火が、消えないように今でも毎日、油を注ぎ足していることに由来しているそうです。実は一度注げば数日は燃え続けることができるそうですが、注ぎ足さない日があったりすると、いつ注いだかわからなくなり、火が消えてしまう恐れがあります。ですので必ず毎日、油を注ぐようにしているそうです。この油を絶対に断たないということが、「油断」の語源の一つと言われています。つまり、一瞬の気の緩みも許されない緊張感を持って使命に当たらなくてはならないということです。

本書を出版するに当たり、ＮＰＳ研究会の理事各位をはじめとする大勢の支持者、特に池渕浩介・特別顧問（第二代最高顧問）、林南八・最高顧問、保芦將人・名誉顧問、内田勲・特別顧問、清水雄輔・特別顧問、上野守生・特別顧問をはじめとする株式会社エム・アイ・ピーの関係者各位からの絶大なるご支援に対し、ここに謹んで厚く御礼を申し上げます。

ＮＰＳ研究会という類《たぐ》い稀《まれ》なる組織において、ご恩返しと活躍する場とチャンスを与えて下さいました木下幹彌・会長には親子二代にわたるご指導を賜り、且つ共著として本書をまとめる機会を賜りましたことを心よりの感謝と共に最後に申し添えたく存じます。

大いなる使命感と後世の日本に対する責任感をもって、ＮＰＳ研究会の一層の進化・向上・発展させて参る所存です。

平成28（２０１６）年9月吉日

川﨑　享

【著者紹介】

木下幹彌（きのした　みきや）

昭和4（1929）年10月13日、兵庫県神戸市生まれ。

兵庫県立神戸経済専門学校（現・兵庫県立大学）卒業。

中央紡績㈱勤務、日本シーラント㈱・代表取締役社長、ウシオ電機㈱・代表取締役社長を経て、昭和57（1982）年7月NPS研究会の運営母体である㈱エム・アイ・ピー・代表取締役社長、平成25（2013）年5月より同社・取締役会長。

著書『NPSの極意』（東洋経済新報社、2015年）他。

川﨑　享（かわさき　あつし）

昭和40（1965）年4月28日、東京都渋谷区生まれ。

慶應義塾大学経済学部卒業、ミシガン州立大学大学院史学修士課程修了（中国研究・国際関係史）。

鈴村喜久男・NPS研究会初代実践委員長の鞄持ちを務めた後、電機メーカー、コンサルティング会社役員を経て、平成25（2013）年5月より㈱エム・アイ・ピー代表取締役社長。

著書『英国紳士 vs. 日本武士』（創英社／三省堂書店、2014年）他。

NPS研究会のHP：http://www.nps-kenkyukai.jp

経営思想としてのNPS

2016年11月10日　第1刷発行
2018年 3 月 9 日　第2刷発行

著　者――木下幹彌・川﨑　享
発行者――駒橋憲一
発行所――東洋経済新報社
〒103-8345　東京都中央区日本橋本石町1-2-1
電話＝東洋経済コールセンター　03(5605)7021
http://toyokeizai.net/

装　丁…………アスラン編集スタジオ
ＤＴＰ…………アスラン編集スタジオ
印刷・製本……藤原印刷
編集担当………井坂康志
Printed in Japan　ISBN 978-4-492-96121-6